Novo Modelo de
Desenvolvimento
para Criar no Brasil a
**Era das Grandes
Oportunidades**

CB072413

FÓRUM NACIONAL

FÓRUM ESPECIAL - 2011

TEMA BÁSICO:

NA "GRANDE RECESSÃO" - NOVO MODELO DE DESENVOLVIMENTO E GRANDES OPORTUNIDADES (COMO EM 1929): "NEW DEAL VERDE". E AS QUESTÕES BÁSICAS: QUESTÃO POLÍTICA, QUESTÃO DO JUDICIÁRIO, QUESTÃO AMBIENTAL (RIO+20)

PATROCINADORES - GRANDES BENEMÉRITOS

GOVERNO FEDERAL
BRASIL - PAÍS RICO É PAÍS SEM POBREZA

ipea 46 anos - Por um Brasil desenvolvido | BNDES | FINEP - FINANCIADORA DE ESTUDOS E PROJETOS - MINISTÉRIO DA CIÊNCIA E TECNOLOGIA - APOIO DO FNDCT | Banco do Brasil

BR PETROBRAS | CAIXA | CORREIOS | Eletrobras

Telefônica | ODEBRECHT | VALE | IBMEC MERCADO DE CAPITAIS

CNI - Confederação Nacional da Indústria | SEBRAE | oi | GERDAU | CCR | Light

ANDRADE GUTIERREZ | Bradesco | BM&FBOVESPA - A Nova Bolsa | Sistema FIRJAN | FIRJAN CIRJ SESI SENAI IEL

ibp - INSTITUTO BRASILEIRO DE PETRÓLEO, GÁS E BIOCOMBUSTÍVEIS | Statoil | queiroz galvão - EXPLORAÇÃO E PRODUÇÃO | natura - bem estar bem | Icatu

PATROCINADORES ESPECIAIS: EMPRESAS BRASIF | BRF BRASIL FOODS | SIEMENS | FIESP

INSTITUTO NACIONAL DE ALTOS ESTUDOS - INAE
Rua Sete de Setembro, 71 - 8º andar - Centro - Rio de Janeiro/RJ - CEP: 20050-005
Telefone: 21 2212-5200 - Fax: 21 2212-5214
e-mail: inae@inae.org.br - site: www.forumnacional.org.br

João Paulo dos Reis Velloso (Coordenador)
Rubens Ricupero | Julio Gomes de Almeida
Carlos Rocca e Lauro Modesto dos Santos Jr.
Paulo Guedes | Márcio Garcia | Raul Velloso
Rumba Gabriel | André Urani

ELSEVIER

FÓRUM NACIONAL

CAMPUS

© 2012, Elsevier Editora Ltda.

Todos os direitos reservados e protegidos pela Lei nº 9.610, de 19/02/1998.

Nenhuma parte deste livro, sem autorização prévia por escrito da editora, poderá ser reproduzida ou transmitida sejam quais forem os meios empregados: eletrônicos, mecânicos, fotográficos, gravação ou quaisquer outros.

Copidesque: Ana Lucia Normando
Revisão: Carolina Rodrigues Vieira
Editoração Eletrônica: Estúdio Castellani

Elsevier Editora Ltda.
Conhecimento sem Fronteiras
Rua Sete de Setembro, 111 – 16º andar
20050-006 – Centro – Rio de Janeiro – RJ – Brasil

Rua Quintana, 753 – 8º andar
04569-011 – Brooklin – São Paulo – SP – Brasil

Serviço de Atendimento ao Cliente
0800-0265340
sac@elsevier.com.br

ISBN 978-85-352-5522-5

Nota: Muito zelo e técnica foram empregados na edição desta obra. No entanto, podem ocorrer erros de digitação, impressão ou dúvida conceitual. Em qualquer das hipóteses, solicitamos a comunicação ao nosso Serviço de Atendimento ao Cliente, para que possamos esclarecer ou encaminhar a questão.

Nem a editora nem o autor assumem qualquer responsabilidade por eventuais danos ou perdas a pessoas ou bens, originados do uso desta publicação.

CIP-Brasil. Catalogação-na-fonte
Sindicato Nacional dos Editores de Livros, RJ

N843   Novo modelo de desenvolvimento para criar no Brasil a "Era das Grandes Oportunidades" / João Paulo dos Reis Velloso, Roberto Cavalcanti de Albuquerque, coordenadores. – Rio de Janeiro : Elsevier : INAE, 2012.

Textos apresentados no Fórum Nacional (Sessão Especial) realizado de 14 a 16 de setembro de 2011

ISBN 978-85-352-5522-5

1. Desenvolvimento econômico – Brasil. 2. Crise econômica. 3. Brasil – Política econômica. I. Velloso, João Paulo dos Reis, 1931-. II. Albuquerque, Roberto Cavalcanti de, 1939-. III. Instituto Nacional de Altos Estudos.

11-6728.   CDD: 338.981
                                        CDU: 338.1(81)

Sumário

Prefácio   1
João Paulo dos Reis Velloso

PRIMEIRA PARTE
BRASIL: NOVO MODELO DE DESENVOLVIMENTO PARA CRESCER NA GRANDE RECESSÃO E CRIAR A ERA DAS GRANDES OPORTUNIDADES (COMO EM 1929)

João Paulo dos Reis Velloso

Cenário: o mundo em que vamos viver. Raízes da grande recessão – econômica e política (de 2007 – até quando?)   7

Mudança de modelo – por quê? Porque o Brasil já fez; transformou crise em oportunidade (grande depressão dos anos 1930; crise do petróleo)   13

Proposta de novo modelo: *new deal* verde (defesa e ataque) *new deal* – ideia de aliança, de novo contrato social   17

Como aproveitar tais oportunidades? O desenvolvimento moderno – economia do conhecimento   21

Estratégia de desenvolvimento das grandes oportunidades (setores intensivos em recursos naturais, da bioeconomia, de altas tecnologias) – pontos básicos   25

Conclusão: necessidade de um conjunto de políticas integradas, visando à meta do quarto centro global   39

Suma das sumas   51

Epílogo: a busca da felicidade   57

Segunda Parte
O NOVO MODELO: PROPOSTAS E COMENTÁRIOS

Grande recessão: oportunidade de novo modelo de desenvolvimento   65
Rubens Ricupero

Alcance e lacunas da nova política industrial   73
Julio Gomes de Almeida

Financiamento dos investimentos no Brasil e o papel do mercado de capitais   89
Carlos A. Rocca Lauro Modesto dos Santos Jr.

Das invasões bárbaras à sociedade do conhecimento   115
Paulo Guedes

O Brasil frente ao recrudescimento da crise internacional   123
Márcio Garcia

A hora e vez de aumentar a poupança pública   131
Raul Velloso

Favelas: em busca da felicidade   137
Rumba Gabriel

Poupança privada para um Brasil em rota de desenvolvimento   143
André Urani

Prefácio

*João Paulo dos Reis Velloso**

---

* Presidente do Fórum Nacional (Inae), presidente do Ibmec-Mercado de Capitais e professor da EPGE (FGV). Ex-ministro do Planejamento.

Este livro contém os trabalhos apresentados na Sessão Inaugural do Fórum Especial de 2011, realizada em 14 de setembro.

Essencialmente, o que ali se discutiu foi a ideia de *um novo modelo de desenvolvimento para se criar, no Brasil, a era das grandes oportunidades*.

O país tem experiências anteriores de transformar crise em oportunidade. Isso foi feito nos anos 1930, durante a Grande Depressão. E, igualmente, na segunda metade dos anos 1970, quando estourou a crise do petróleo.

Nas duas ocasiões, houve mudança de modelo de desenvolvimento, de modo a dominar o paradigma econômico-tecnológico da época.

Isso pode também ocorrer agora se o país decidir avançar rápido no sentido do domínio da economia do conhecimento, tanto na dimensão de levar o conhecimento (sob todas as formas) a todos os setores da economia como também a todos os segmentos da sociedade.

Se a opção for feita, iremos superar o seguinte problema de dimensão histórica: o país tem pelo menos 12 grandes oportunidades estratégicas (econômico-sociais), mas não tem sabido aproveitá-las.

E, com isso, *iniciaremos a era das grandes oportunidades*.

PRIMEIRA PARTE

Brasil: novo modelo de desenvolvimento para crescer na grande recessão e criar a era das grandes oportunidades (como em 1929)

João Paulo dos Reis Velloso

*Você conhece o símbolo chinês para "crise?"
Ele consiste de dois outros símbolos. Um
significa "perigo". O outro significa "oportunidade".*

Stephen Becker

*A invencibilidade está na defesa. A possibilidade de vitória,
no ataque. Quem se defende, apenas, mostra que sua força
é insuficiente; quem ataca mostra que ela é abundante.*

Sun Tzu**

---

* *A Arte da Guerra* (± 500 a.C.).

Cenário: o mundo em que vamos viver.
Raízes da grande recessão – econômica
e política (de 2007 – até quando?)

FALTA DE LIDERANÇAS POLÍTICAS NOS DESENVOLVIDOS

Em 5 de agosto de 2011, a matéria de capa do *The Economist* foi: "A falta de liderança no Ocidente é atemorizante". Em verdade, a revista referia-se aos Estados Unidos e à zona do euro, ou seja, os países desenvolvidos.

O outro lado da questão é que, tanto nos Estados Unidos como na Europa, as origens do prolongamento da crise estão na área política. A atual Grande Recessão (que ninguém sabe quando vai terminar)[1] passa, assim, a ser mais complexa, porque há fundamentalismos políticos (Tea Party, por exemplo) e até religiosos envolvidos ("Extremistas que dão as cartas nos Estados Unidos").[2]

CRISE DO MODELO ECONÔMICO-SOCIAL DOS DESENVOLVIDOS (*WELFARE STATE* – ESTADO DE BEM-ESTAR SOCIAL)

Claro, o lado mais visível da "Grande Recessão" é o problema do sistema o *welfare state*, financeiro e a gangorra dos mercados de capitais.

Entretanto, se formos ao fundo do problema, verificaremos que há uma crise do modelo econômico-social dos países desenvolvidos – que vem dos anos 1930.

O ponto nevrálgico é que esse modelo não está mais sendo capaz de gerar crescimento. Em geral, por desajustes fiscais. Ora: sem crescimento, não há desenvolvimento social nem inclusão social.

E, nessa altura, se coloca o ponto nevrálgico: falta de ajuste fiscal de longo prazo (com exceções, talvez da Alemanha).

OUTRAS DIMENSÕES DA CRISE – NÃO ECONÔMICAS

O fenômeno, em verdade, é ainda mais complexo – afeta o modo de viver de nossa época. E os governos não têm a necessária percepção para captar as ameaças de tsunami que vão surgindo em várias dimensões.

---

[1] Importante pesquisa de Keneth Rogoff e Carmen e Vicente Reinhart ("Bem conhecida tanto na Casa Branca como no FED") fala em década: "Os Estados Unidos precisarão de uma década para não sair da Crise." (*O Globo*, 20.8.11, p. 31)
[2] *O Globo*, 3.8.11, pág. 28.

Para considerar as mais importantes, tem faltado percepção da importância das redes sociais, viabilizadas pela internet e, em geral, pelas TICs (Tecnologias de Informação e Comunicações).

Na Primavera Árabe, sabidamente, em todos os países afetados, as redes sociais desempenharam papel relevante.

Nos distúrbios que ocorreram no Reino Unido, e principalmente em Londres, houve, em agosto, o "recado das chamas":[3] convocações, movimentos de rua, depredações.

Interpretação: segundo Saskia Sassem, socióloga da Universidade de Colúmbia, é a rebeldia dos jovens, a quem foi roubada "a expectativa de futuro".

Por outro lado, a falta de assimilação das minorias, principalmente minorias de imigrantes: muçulmanos, africanos, outras origens. Em vários países, o fenômeno ocorre, e como resultado as explosões, decorrentes da exclusão ou marginalização. Não há um *melting pot*. Falta lugar ao Sol.

CONSEQUÊNCIA: OS DIAS DE IRA (APOCALIPSE)

As manchetes dizem tudo: "Bolsas assombram mundo",[4] "Mercados assombrados",[5] "Nova recessão será ainda pior",[6] "Pânico nas bolsas",[7] "Crise europeia volta a assombrar bolsas".[8]

Estamos nos Dias de Ira (*Dies Irae*), verdadeiros apocalipses.

Mesmo quando procura mostrar que o Brasil está preparado para enfrentar esses dias de pânico, a *Isto É* coloca na capa: "Apocalipse Não" (lembrando o *Apocalipse Now*, de Francis Ford Coppola).

E o presidente da Bolsa de Nova York diz: "Mundo terá de viver em modo crise". É acostumemo-nos ao *Crisis way of life* – estilo crise de viver.

O.K.

---

[3] "Aliás", *Folha de S.Paulo*, 14.8.11, Caderno Especial.
[4] *O Globo*, 9.8.11, 1ª página.
[5] *O Globo*, 9.8.11, página de rosto do Caderno de Economia (p. 19).
[6] *New York Times*, 9.8.11.
[7] *Veja*, matéria de capa, 10.8.11.
[8] *O Estado de São Paulo*, página de rosto do Caderno de Economia.

E A QUESTÃO: "AS ECONOMIAS EMERGENTES CONSEGUIRÃO SUSTENTAR O ELEVADO CRESCIMENTO?"

Em seu livro *Os Desafios do Futuro da Economia*,[9] Michael Spence (Prêmio Nobel de Economia) faz a colocação:

"Com o crescimento retornando aos níveis anteriores a 2008, o desempenho na retomada de China, Índia e Brasil são importantes motores de expansão para a economia global de hoje. Mas as respostas emergenciais não podem ser mantidas para sempre."

Depois, em capítulo especial, volta-se para os casos de China e Índia.

Mas, em capítulo posterior, diz: "Pode-se razoavelmente esperar que o Brasil percorra um caminho para o status de país avançado nos próximos dez/quinze anos."

Esse caminho, que Spence não define, é que nos interessa.

---

[9] Rio de Janeiro: Campus-Elsevier, 2011.

Mudança de modelo – por quê?
Porque o Brasil já fez; transformou crise
em oportunidade (grande depressão dos
anos 1930; crise do petróleo)

RECAPITULANDO O BRASIL E A GRANDE DEPRESSÃO

A crise de 1929 destruiu nosso modelo agroexportador (café: 70% das exportações).

A reação do país que trouxe a mudança de modelo foi a defesa da economia do café (para manter a renda, inclusive queimando excedentes de café) e a evolução para novo modelo – industrialização como motor do crescimento.

Vários instrumentos foram usados, com o resultado de que os preços relativos se reorientaram em favor da industrialização de transformação.

O resultado:

- Produto Industrial voltou a crescer em 1931, e PIB em 1932.
  Crescimento do Produto Industrial, de 1932 a 1939 – 10% a.a.
- Enquanto isso, o PIB dos Estados Unidos, em 1939, ainda era menor que o de 1929 (a salvação foi o *new deal*, de Roosevelt; e Hitler – a guerra).

O BRASIL E A CRISE DO PETRÓLEO

A crise do petróleo, em outubro de 1973, destruiu o modelo de desenvolvimento que havia viabilizado o "milagre" brasileiro. Por quê?

Desde os anos 1950, o Brasil vinha acumulando vulnerabilidades estruturais (ver *A industrialização brasileira: diagnósticos e perspectivas*. Rio de Janeiro: Ipea, 1969.

Principalmente:

- Dependência excessiva em relação à importação de produtos intermediários e principalmente de insumos industriais básicos: siderurgia, petroquímica, metais não ferrosos, papel e celulose, minerais não metálicos.

  Produtos em que o país tinha vantagens comparativas dinâmicas. Ou seja, importávamos categorias de produtos em que éramos potencialmente muito competitivos.
- Importações de certos segmentos de bens de capital em que também tínhamos vantagens comparativas dinâmicas (porque estávamos realizan-

do grandes programas de investimentos em que usávamos maciçamente tais tipos de equipamentos).
- Importações de petróleo e derivados (85% do consumo), porque só no início dos anos 1970 foi tomada a decisão de concentrar os esforços da Petrobras em pesquisa na plataforma submarina; e direcionar o Centro de Pesquisa e Desenvolvimento (CPD) da empresa para esse tipo de pesquisa.

Então, como citado, havia um "ovo da serpente".

Em 1974, com o II PND, o país resolveu desacelerar gradualmente o crescimento (sem recessão) para poder realizar um grande programa de investimentos que fizesse a mudança de modelo.

Com isso, e a despeito da descontinuidade macroeconômica havida no segundo semestre de 1979, em 1983/1984, passamos a apresentar grandes superávits comerciais, que evidenciavam as transformações feitas:

- O país, de grande importador, passara a grande exportador de produtos intermediários (inclusive insumos industriais básicos).
- De grande importador a (pequeno) exportador de bens de capital.
- Aumentara substancialmente a produção de petróleo com a descoberta da Bacia de Campos (nosso primeiro campo gigantesco de petróleo).

Proposta de novo modelo:
new deal verde (defesa e ataque)
new deal – ideia de aliança,
de novo contrato social

COLOCAÇÃO FUNDAMENTAL: O BRASIL TEM TRÊS PROBLEMAS DE DIMENSÃO HISTÓRICA

I.   O país tem grave questão política. Talvez, nosso maior problema. Há necessidade de termos um bom sistema político (pelo menos cinco a seis bons partidos políticos), inclusive para termos um bom Congresso Nacional.

II. Temos um Estado (Executivo, Legislativo e Judiciário) que gasta demais. E, por isso, cobra imposto demais, se endivida demais. E poupa de menos. O governo Dilma entendeu isso.

III. O país tem pelo menos 10 grandes oportunidades estratégicas (econômicas), mas não sabe aproveitá-las. Ninguém tem tantas oportunidades; é preciso ter um modelo e a determinação de aproveitá-las.

Isso exige uma sociedade ativa e moderna.
Ativa, porque se manifesta.
Moderna, porque defende o interesse público.

NOVO MODELO DE DESENVOLVIMENTO (MUDANÇA HISTÓRICA) – OS PONTOS BÁSICOS:

I.   Ajuste macro e principalmente ajuste fiscal de longo prazo (e reindustrialização).

II. PIB verde: agricultura verde, mineração verde, indústria verde, serviços verdes. É a nossa concepção de desenvolvimento ambiental. Preventiva.

III. Economia do conhecimento (ou economia criativa). Para quê? Para, gradualmente, gerar a "era das grandes oportunidades".

O Brasil já fez. Juntos (fórum,
governo, sistema político, sociedade),
podemos fazê-lo de novo.

ENTÃO, QUARTA GRANDE CONCEPÇÃO: MAGIA DAS GRANDES OPORTUNIDADES

I. Universalização da inovação.

II. Usar o pré-sal para transformar a economia brasileira.

III. Novos avanços na melhoria de nossa nova matriz energética para o Brasil.

IV. Estratégia de implantação do carro elétrico (em paralelo com os biocombustíveis).

V. Transformação da biotecnologia, com base na biodiversidade, em uma das grandes tecnologias do século XXI.

VI. Transformar o Brasil em quinto centro global de TICs.

VII. Usar o "modelo escandinavo" para construir grandes complexos industriais em torno dos setores intensivos em recursos naturais (agronegócio/agroindústria, mineração moderna/metalurgia, petróleo/petroquímica).

VIII. Novas tecnologias de desenvolvimento de biocombustíveis.

IX. Estratégia de desenvolvimento da eletrônica orgânica (inclusive para produzir o chip orgânico).

X. Estratégia de desenvolvimento das "indústrias criativas" (cultura, artes, *entertainment*, turismo).

XI. Novo sistema de transportes coletivos metropolitanos à base de trilhos – metrô, trem de subúrbio, bonde moderno, VLT (veículo leve sobre trilho).

XII. Nova era: transformar as comunidades (favelas) em regiões metropolitanas, como oportunidade para desenvolver o país, usando setores como artesanato, economia solidária, cultura, turismo e qualificando mão de obra.

Como aproveitar tais oportunidades?
O desenvolvimento moderno –
economia do conhecimento

Rei Luiz XVI ao receber a notícia da queda da bastilha:
"É uma revolta?"

Duque de La Rochefoucault-Liancourt:
"Não, majestade. é uma revolução."

ECONOMIA DO CONHECIMENTO – NOVO PARADIGMA ECONÔMICO-SOCIAL

A grande força econômica de nossa época é a revolução do conhecimento (e da informação), transformando a economia e a sociedade.

Dessa revolução – a maior desde a Revolução Industrial –, emerge a "Economia do Conhecimento", novo paradigma econômico-social de nossos tempos. Segundo estudo da OECD: 50% do PIB dos desenvolvidos vêm da geração, uso e difusão do conhecimento.

> Essência da Economia do Conhecimento:
> revolução na produção e disseminação
> do conhecimento

O modelo para o Brasil tem duas dimensões:

- **Dimensão econômica**: levar conhecimento, sob todas as formas – educação superior, Pesquisa e Desenvolvimento (P&D), tecnologias genéricas e tecnologias específicas, engenharia de produto, engenharia de processo, métodos modernos de *management*, design, logística, marca – a todos os setores da economia (inclusive agricultura, mineração e serviços). Não há mais setores primários.

    São inúmeras as formas de intangíveis – aptidões modernas (Hicks) em lugar das antigas dotações de fatores tradicionais.

    Assim, as vantagens comparativas passam a ser "criadas".

- **Dimensão econômico-social:** levar o conhecimento a todos os segmentos da sociedade, inclusive aos de renda baixa. Com isso, evitam-se exclusões (exemplo: exclusão digital).

Isso exige a transformação do Brasil em país de alto conteúdo de desenvolvimento humano, interagindo com inovação/tecnologia.

E define nova função para a empresa: "A função principal da empresa é desenvolver o talento de seus recursos humanos." (Peter Drucker)

O conhecimento, em consequência, passa a ser o principal componente da Produtividade Total dos Fatores (TFP), junto com as instituições.

Com isso, a TFP, em lugar de resíduo, torna-se uma variável estratégica do desenvolvimento.

INSTRUMENTO PODEROSÍSSIMO!

A consequência frequente dessas propriedades é que um número infinito de pessoas pode usar, simultânea e inexaurivelmente, o conhecimento. São rendimentos crescentes, supercrescentes e geradores de externalidades – enormes externalidades, de que decorrem novos conhecimentos com as mesmas propriedades.

Estratégia de desenvolvimento das grandes oportunidades (setores intensivos em recursos naturais, da bioeconomia, de altas tecnologias) – pontos básicos

INTRODUÇÃO:
MONTANDO A ESTRATÉGIA

Estamos chegando à área para a qual convergem todas as ideias e transformações que discutimos até agora – é a apresentação da estratégia, por meio da qual o Brasil poderá realmente desenvolver suas grandes oportunidades e construir um novo modelo de desenvolvimento.

Em todas elas, vai-se procurar utilizar a economia do conhecimento.

Para isso, faremos uso das aptidões modernas,[1] que substituem os antigos fatores de produção. E, sempre que possível, estará envolvida a criatividade natural do país.

Não podemos esquecer a lição de Hicks (1959):[2] o país só vem a tornar-se desenvolvido quando amplia a elasticidade (re*siliência*) nas vantagens comparativas, de modo a sempre criar novas vantagens comparativas.

Isso, na visão de duplo mercado – interno e externo. Embora, em país com a dimensão continental do Brasil, o mercado interno seja de fundamental importância. Só que a inserção internacional é crucial.

Ao tratar das grandes oportunidades, estaremos lidando com setores intensivos em recursos naturais (abundância ou superabundância no país); setores de bioeconomia (usar biomateriais para construir setores novos ou soluções novas); e setores de *catching-up*, ou seja, de tecnologias avançadas, em que estamos procurando competir com os países desenvolvidos ou emergentes de fronteira, sempre que possível colocando um toque da nossa criatividade.

Então, por trás de tudo estará sempre a preocupação em fortalecer nossa competitividade, abrir novos caminhos, acionar motores do crescimento ou reconhecer, como no caso das indústrias de transformação, que não soubemos manter-nos na posição de vanguarda, com rejuvenescimento e dinamismo que tínhamos no início dos anos 1980 – no final da terceira grande concepção.

---

[1] Ver "From Natural Resources to the Knowledge Economy". Washington: Banco Mundial, 2001.
[2] *Essays in World Economics*.

UNIVERSALIZANDO A INOVAÇÃO NAS EMPRESAS BRASILEIRAS – PARA DOTAR O PAÍS DE UM DOS PRINCIPAIS MOTORES DO DESENVOLVIMENTO MODERNO

Baumol – [3] a inovação como principal arma da competição moderna:

"Em áreas-chave da economia, a arma por excelência da economia não é o preço, e sim a inovação. Como resultado, as *firmas não podem deixar a inovação ao acaso*. Longe disso, os gestores são forçados por pressão do mercado a desenvolver a atividade da inovação sistemática e substancialmente..."

"O resultado é uma feroz corrida pelas armas entre as firmas nos setores que evoluem mais rápido, tendo a inovação como principal arma." (Grifo nosso.)

E mais, dentro da ideia de "inovação como estratégia da empresa", concepção completamente diversa da ideia da estratégia de inovação, uma dentre várias, que as empresas em geral costumam ter.

Agora, a inovação passa a ser a estratégia global da empresa.

Entretanto, no caso brasileiro, há um problema fundamental.

O país gasta muito em Ciência e Tecnologia (C&T). Mas não há a interação necessária entre universidade, empresa e instituições governamentais. A "hélice tripla" não funciona.

Na universidade pública (federal), geralmente a pesquisa não é voltada para os objetivos do desenvolvimento e colocada a serviço da sociedade. A grande maioria dos pesquisadores está orientada para publicar artigos em revistas científicas no exterior. E, com isso, o grande investimento feito em P&D "não obedece a qualquer ordem ou prioridade, a nenhuma estratégia".[4]

E, com isso, as empresas se retraem.

Estamos, então, diante da necessidade de duas coisas.

De um lado, mudar o modelo das universidades, induzindo-as a criar fundações que possam realizar contratos com empresas e instituições governamentais. Como faz a USP, pelo fato de que seu orçamento é limitado a certo valor, além do qual ela tem de fazer acordos com empresas/entidades.

---

[3] William J. Baumol, "The free Market Innovation Machine", Princeton University Press, Princeton, New Jersey, 2002.
[4] Marcus Cavalcanti e André Pereira Neto, "Inovação e Competitividade: os Dilemas do Brasil", XIX Fórum Nacional.

De outro, já é tempo de começar a pensar na eliminação da gratuidade do ensino superior para alunos acima de certo nível de renda. No Brasil, até os filhos do Onassis teriam ensino superior gratuito.

Novidade importante, no atual governo, é a proposta de transformar a Finep em banco da inovação (BNDES da inovação) ou algo parecido.

Argumento favorável: C&T é barato. Inexiste qualquer argumento para fundamentar o contingenciamento dos fundos setoriais de tecnologia. E há todos os argumentos para prover bem de recursos à área de tecnologia e inovação. É altamente prioritária e custa pouco ("bom e barato"). Vital.

USAR O PRÉ-SAL PARA TRANSFORMAR A ECONOMIA E O DESENVOLVIMENTO DO BRASIL (GRANDE OPORTUNIDADE E GRANDE DESAFIO)

Como usar o pré-sal para transformar a economia e o desenvolvimento brasileiros

A grande importância do pré-sal não é podermos produzir mais petróleo e gás. É termos um grande instrumento para transformar a economia brasileira. Como?

De um lado, construindo um grande complexo industrial (e de serviços) em torno dele. Serviços inclusive de P&D.

Esse complexo envolve, numa dimensão, as indústrias e serviços diretamente integrados às empresas de P&D (principalmente a Petrobras):

- Grandes equipamentos e bens de capital sob encomenda (vários tipos).
- Engenharia nacional (e desafios: projetos em águas profundas).
- Indústria elétrica e eletrônica.
- Robótica.
- Nanotecnologia.
- Novos materiais (inclusive aços especiais).
- Indústria aeronáutica (helicóptero).

Segunda dimensão: os fornecedores de bens e serviços a esses setores diretamente integrados à P&D (a começar pela construção naval).

De outro lado, a transformação pode provir da utilização dos recursos provenientes da participação do governo, principalmente no apoio à tecnologia e inovação, no país.

PRÉ-SAL COMO OPORTUNIDADE E DESAFIO

Oportunidade: inicialmente, o Brasil aparece como o país que mais contribuirá para o crescimento da produção mundial no período entre 2007 e 2035 – informações da Agência Internacional de Energia (AIE).

"Segundo a Petrobras, o crescimento nos próximos dez anos acontecerá a uma média superior a 7% a.a., muito maior que a média histórica de 4,9% a.a. (crescimento principalmente nas Bacias de Campos, Santos e Espírito Santo)".[5] E, agora, Alagoas-Sergipe.

Ao lado disso: "Os volumes atuais das reservas brasileiras, em torno de 13 bilhões de barris, serão mais que triplicados... o que posiciona o Brasil *entre os seis maiores detentores de reservas de petróleo no mundo*." (Grifo nosso.)[6]

De acordo com o presidente da Petrobras em entrevista, em setembro de 2008: empresas da cadeia produtiva devem ver "oportunidade para aliança estratégica de longo prazo com a Petrobras". "Petrobras comprará muito e por longo prazo".

"Fornecedores de bens e serviços estão diante de um desafio – *oportunidade de tornar o Brasil um centro mundial de produção de bens, serviços, equipamentos e componentes para P&D. Mas vão-se querer escala e condições competitivas*" (Grifo nosso.)

E a opção brasileira: exportar muito petróleo ou adicionar valor. Ou os dois, de forma equilibrada.

Entretanto, há também grandes desafios (alguns já implícitos no que foi mencionado).

O IBP[7] acentua como "desafiadoras a complexa logística para vencer as grandes distâncias da Costa (350km) e as grandes profundidades oceânicas (mais de 2.000m)".

---

[5] Tuerte Amaral Rolim e Ricardo Azevedo (gerentes da área de Exploração e Produção da Petrobras), *In:* "Como tornar o Brasil Desenvolvido", Fórum Nacional, novembro, 2010.
[6] Jonas dos Reis Fonseca, gerente de Exploração e Produção do IBP – idem, ibidem.
[7] Jonas dos Reis Fonseca, ibidem.

Acentua também a importância de não haver, na implementação do novo marco regulatório, "cerceamento da iniciativa privada, por entender que a competitividade no setor deve prevalecer dentro do modelo de partilha de produção", levando em conta que a exploração e produção de petróleo no Brasil é uma história de sucesso (dentro da Lei 9.478/97).

Desafio é também, para a ONIP,[8] "a construção de uma política industrial na área do petróleo", com uma agenda de competitividade.

E a tentativa de síntese: "A descoberta do pré-sal é, inegavelmente, uma grande oportunidade para o desenvolvimento científico, tecnológico e industrial do Brasil... A mudança de cultura e de atitude de todos os envolvidos é o passaporte para a transformação da riqueza do pré-sal em benefícios perenes para o povo brasileiro."

PETROBRAS E PRÉ-SAL NA ATUALIDADE

O *Business Plan* da Petrobras para o período 2011/2015 (aprovado em julho/2011) aprovou investimentos no total de cerca de US$2.225 bilhões.

Além disso caracterizou a importância do objetivo de grande expansão da cadeia de fornecedores nacionais, mesmo com as dificuldades resultantes do problema do câmbio e da existência de inúmeros gargalos a serem superados. Novamente, surge a necessidade de aliança estratégica e de política industrial específica para a área.

NOVOS AVANÇOS NA MELHORIA DE NOSSA MATRIZ ENERGÉTICA

O Brasil já tem uma boa matriz energética pela predominância de energias renováveis (cerca de 50%; o mundo, 15%) e, dentro delas, a hidroeletricidade.

A ideia é realizar novos avanços pelo aumento da participação da hidroeletricidade e das energias alternativas (eólica e biomassa, principalmente), com sustentabilidade ambiental.

Nesse sentido, a opção feita pelo Plano Decenal de Energia (até 2020) está certa: construção de mais 24 hidroelétricas até o final do período, além da conclusão das que estão sendo construídas. Essa é a grande prioridade.

---

[8] Eloy Fernandez y Fernandez e Bruno Musso, da ONIP, XXIII Fórum Nacional, maio, 2011.

Com a grande expansão prevista da energia elétrica, será possível realizar um grande avanço no sentido da despoluição das cidades brasileiras.

É importante considerar também, no tocante ao nosso programa hidroelétrico, a alternativa de concessões por bacias, e não por aproveitamento (proposta Alquéres). Os Estados Unidos já têm grande experiência em concessão por bacias: a Tennessee Valley Authority (TVA) é dos anos 1930.

ESTRATÉGIA DE IMPLANTAÇÃO DO CARRO ELÉTRICO NO BRASIL

Iniciando a era do carro elétrico

Estamos assistindo ao fim de uma era e ao início de outra.

Temos de decidir se queremos estar na vanguarda da nova era ou se nos contentamos em ser retardatários.

O ponto de partida deve ser a consideração de conveniência e eficiência de uso do carro (veículo) elétrico (ou híbrido).

Conveniência: segundo estudo do Ministério do Meio Ambiente, o carro e a motocicleta são os grandes responsáveis pela poluição nas cidades brasileiras.

Eficiência: em termos de eficiência energética, o carro elétrico está à frente "no tráfego urbano, em especial quando em baixas velocidades e constantes acelerações e frenagens".

Ao lado disso, existe um ciclo de transformação na indústria automobilística mundial impulsionado pelo carro elétrico.

Basta observar o que já está acontecendo no Japão, Estados Unidos e países europeus. Londres, por exemplo, objetiva ser "a futura capital do carro elétrico" (prefeito de Londres, em maio de 2011).

ESTRATÉGIA: RESUMO DA ÓPERA EM PORTUGUÊS

Como cenário, duas coisas.

De um lado, a ideia de que vamos ter, nas primeiras décadas, a simultaneidade das duas tecnologias: o carro *flex fuel* e o carro elétrico.

De outro, a perspectiva de construção de um sistema de transporte urbano, à base principalmente de veículos sobre trilhos, como será apresentado.

Quanto à estratégia em si, a essência está na ideia da gradual massificação da produção de veículos elétricos, como Henry Ford fez um século atrás em relação ao Modelo T (*Model T*).

Para esse efeito, temos de ter uma política industrial específica para o setor, a definição de um sistema de incentivos fiscais e financeiros tanto para a produção (de veículos e componentes) como para a aquisição, concebido pelo Ministério da Fazenda, e a mobilização de instituições-chave, como a Finep e o BNDES (além de Eletrobras e Petrobras), para que a inovação aconteça no setor e os problemas sejam solucionados (exemplo: bateria, que determina a autonomia do veículo).

Dessa forma, o Brasil poderá reafirmar sua posição inteligente de vanguarda, como fez no tocante ao etanol e ao carro flex, que irão participar da nova era.

Lembrando: o futuro está no carro elétrico.

TRANSFORMAÇÃO DA BIOTECNOLOGIA, À BASE DA BIODIVERSIDADE, EM UMA DAS GRANDES TECNOLOGIAS DO SÉCULO XXI

Oportunidade e desafio

Os Estados Unidos ressaltam a grande importância da Biotecnologia (como indústria). Até a Nasa utiliza no programa aeroespacial.

O Brasil tem a maior biodiversidade do mundo: biodiversidade da Amazônia, da Mata Atlântica (o que resta), dos Cerrados, do Pantanal, da Caatinga e até da Plataforma Continental.

Significado: pode ser nossa maior oportunidade, mas ainda é apenas um potencial. Usamos apenas 1%.

Prioridades para nossa Biotecnologia: Indústria Farmacêutica (e cosméticos) e Agronegócio.

A proposta estratégica da Extracta[9] consiste em:

---

[9] Extracta Moléculas Naturais: exporta moléculas.

- "Essencial proceder à montagem de cadeias de agregação de valor (à biodiversidade), que permitam um fluxo ajustado de bens e de retornos e benefícios entre a base do sistema na natureza e os grandes mercados internacionais, únicos capazes de efetivamente maximizar os retornos."

- Os componentes da estrutura a ser montada:
  - Biotecnologia não é nem ciência pura nem indústria, apenas.
  - Biociências (novas formas de vida a nível molecular), Ciências Químicas, Engenharias, Ciências da Informação, Ciências Ambientais.
  - Papel essencial da indústria com seus Centros de Pesquisa e Desenvolvimento (CPDs).
  - Papel insubstituível do governo (dificuldades a superar e sistema de incentivos).

As dificuldades a superar são principalmente:

- Dificuldade de patenteamento: o INPI interpreta a legislação de patentes como "proibição de conceder patentes não só a seres vivos e suas partes, mas também a todo e qualquer processo químico decorrente do metabolismo desse ser vivo. Entendeu com isso que a lei não autorizava, por exemplo, a concessão de patente para uma molécula natural desconhecida dos químicos, isolada e caracterizada de forma inventiva e associada a uma atividade biológica também nova, de interesse farmacêutico". Essa interpretação difere radicalmente da que é feita pelos países desenvolvidos – nossos concorrentes, no caso.
- Problemas para obtenção de patentes: autorização do CGEN, 2 anos; aprovação da patente (INPI): 7/8 anos.

Dessa forma, a síntese da proposta da Extracta:

- Quebrar a barreira de relacionamento entre os setores público e privado, criando-se mecanismos de audiência e de representação equilibrada.
- Direcionar recursos públicos para a competitividade industrial, reconhecendo-lhe os componentes científico, industrial e regulatório.
- Rever as políticas e a regulamentação normativa em torno da propriedade intelectual relacionadas aos produtos inventivos de nosso patrimônio genético, com bom-senso e considerando o interesse nacional.

Se não houver uma visão estratégica para esse campo, nosso potencial enorme continuará sendo um potencial. Enquanto isso, os mercados para nossos produtos, nessa área, irão procurar outras fontes de biotecnologia à base da biodiversidade.

Existe a iniciativa da Suframa: o Centro de Biotecnologia da Amazônia – ainda pouco utilizado. Estão funcionando convênios com universidades da região, mas o uso pelas empresas é muito baixo.

INDO ADIANTE: PROPOSTA DE CRIAÇÃO DO INSTITUTO BRASILEIRO DA BIODIVERSIDADE

Avançando no tocante às linhas de ação apresentadas, convém ressaltar: "A vantagem brasileira na busca da biodiversidade química traduz-se... em nossa capacidade de formar grandes coleções de compostos naturais a partir de nossa megabiodiversidade natural."[10] "Detemos mais de 20% da biodiversidade vegetal do planeta."

E a proposta concreta:

"Deseja a Extracta ampliar essa (sua) coleção para abranger toda a riqueza vegetal do país, no que seria o maior banco de biodiversidade química do planeta no setor vegetal."

A Extracta, para isso, propõe que se constitua uma rede interinstitucional brasileira, associando centros acadêmicos de pesquisa, empresas de pesquisa inovadora, provedores de matéria-prima e indústrias clientes, para constituir, lado a lado com o poder público, um grande INSTITUTO BRASILEIRO DA BIODIVERSIDADE (IBB).

Estaríamos, assim, dando um passo fundamental para criar, de fato, no Brasil, as bases para o Desenvolvimento da BIOTECNOLOGIA DA BIODIVERSIDADE.

O assunto está em avaliação no MCT (Finep) e no BNDES.

---

[10] Prof. Antonio Paes de Carvalho, presidente da Extracta. *Paper* apresentado ao Fórum Nacional, novembro de 2010.

CONSEQUÊNCIAS MAIORES DO PROJETO

Se o Brasil impulsionar, em grande escala, a biotecnologia à base de sua biodiversidade, estaremos realizando algo da maior importância. Em dois sentidos.

De um lado, assim como se considera a eletrônica a grande tecnologia do século XXI (o século XX lançou as bases), poderemos, também considerar a biotecnologia (à base da biodiversidade) uma das grandes tecnologias deste século.

De outro, estaremos definindo uma estratégia de desenvolvimento para a Amazônia.

A verdade é que o país não sabe o que fazer da Floresta Amazônica. E, por isso, tenta – ou deixa tentar – caminhos que não dão densidade econômica à região e contribuem para destruir a floresta.

No entender do Fórum Nacional, a estratégia para realmente desenvolver a Amazônia, sem afetar a floresta, dever ser biotecnologia à base da biodiversidade. E só (sem prejuízo da atividade extrativa e do turismo ecológico, obviamente).

TRANSFORMAR O BRASIL EM QUARTO CENTRO GLOBAL DE TECNOLOGIAS DE INFORMAÇÃO E COMUNICAÇÕES (TICs) ATÉ 2020

Colocação básica: TICs como oportunidade (o século XXI como século da eletrônica[11])?

Importância: TICs são essenciais para a competitividade dos demais setores.

O Brasil é o oitavo maior mercado interno de TICs, mundialmente (2008: complexo de TICs representou 7% do PIB – US$100 bilhões, rivalizando com a China. Mas nossa participação nas exportações é inexpressiva, a despeito do potencial.

Se não melhorarmos nossa competitividade, nosso mercado interno ficará exposto às incursões de todos os emergentes e desenvolvidos dotados de forte competitividade, principalmente em Tecnologia de Informação (TI).

Ideia: Brasil como quarto centro global de TICs. Passaria a ser oportunidade.

---

[11] Ver Antonio Carlos Valente, presidente da Telebrasil e do Grupo Telefônica do Brasil (*In: China, Índia e Brasil: o País na Competição do Século*. XXIII Fórum Nacional. Rio de Janeiro: José Olympio, 2011).

BASES DO PLANO DIRETOR DE TICS

O crescimento da utilização de TICs é potencializado pelo "círculo virtuoso da economia digital".
Daí os pilares do plano diretor.

- Infraestrutura de Telecomunicações.
- Estímulo à demanda de TICs.
- Foco na capacitação digital.
- Desenvolvimento de conteúdos e serviços de TICs.

O primeiro é o pilar básico: a rápida evolução tecnológica requer alto investimento, e, para isso, há necessidade de um marco regulatório previsível e estável que coloque "o governo como indutor de investimentos, no lugar de atuação direta no mercado".

E a redução da carga tributária na cadeia de valor é também essencial.

No pilar de "estímulo à demanda de TICs", focar na ampliação dos programas de inclusão digital, incremento de programas de acesso a microcomputadores e *tablets* e incentivos à produção nacional de equipamentos.

O "pilar de captação digital talvez seja o mais importante para o país", inclusive colocando a inclusão digital no currículo das escolas públicas de ensino fundamental e médio.

No pilar de desenvolvimento de conteúdos e serviços de TICs, o governo deve fomentar a criação de conteúdos nacionais e regionais que aumentem a demanda por acesso à internet em banda larga, estimulando o cidadão a acessar gratuitamente serviços públicos e desenvolvendo e-gov com aplicações que acelerem a inclusão digital.

Esse é o caminho para que o país esteja entre os líderes mundiais até 2020 em TICs e, de forma mais ampla, em desenvolvimento econômico-social.

BASES DO PLANO DIRETOR DE TECNOLOGIAS DE INFORMAÇÃO[12]

Colocação básica: de um lado, a criatividade brasileira em TI, corporificada no nosso avanço em informática do sistema financeiro, governo eletrônico,

---

[12] Ver "Tecnologia de Informação e os desafios da Competitividade", Antonio Gil, presidente da Brasscom (mesmo livro).

apuração de eleições, motores flex, gestão de produção agrícola, visualização de reservas de petróleo e gás, automação de manufaturas.

De outro, o risco e desafio: "A expansão das exportações tornou-se um desafio vital para as empresas brasileiras, porque, num segmento como este *em que os custos fixos do investimento são baixos e a prestação de serviços pode ser feita em qualquer parte do globo*, é a 'defesa' do mercado interno que passa a estar em questão, caso as empresas brasileiras não sejam capazes de competir internacionalmente." (Grifo nosso.)

Diante disso, a meta do setor de TI para 2020 é elevar sua participação no PIB (4% em 2010) para 5,5 a 6%. E aumentar as exportações (US$2,4 bilhões em 2010) para pelo menos US$20 bilhões.

A meta é viável se forem superados certos problemas nossos, porque o mercado global deve dobrar de tamanho na década. Expansão que "será movida inclusive pelas novas tendências tecnológicas, baseadas em mobilidade e *cloud computing* (computação em nuvem) – visualização e hospedagem remota de conteúdos, software e serviços sobre uma infraestrutura de banda larga".

Em seguida, uma palavra sobre os problemas e desafios a serem enfrentados pelo Brasil. Quatro, principalmente.

Problema: custos, em especial encargos trabalhistas (mão de obra, em média, corresponde a 70% da receita). Já houve redução no caso das exportações.

Problema: dimensão das empresas (das cinco empresas líderes em exportações na Índia, o porte é quase oito vezes o das brasileiras). Necessidade de dar incentivos a fusões/aquisições.

Problema: formação e qualificação de mão de obra (setor exige alta qualificação, inclusive em inglês, e especialização). Necessidade de programa especial, pois o déficit de pessoal vem crescendo face à rápida expansão da demanda.

Desafio: infraestrutura de TICs, que deve ser em banda larga, exigindo elevado investimento (então, necessidade de desoneração tributária para esse fim).

Desafio: inovação.

Índia: empresas evoluíram fazendo escalada na cadeia de valor. De uma atividade inicial de manutenção de sistemas de atendimento de call center para disputa de contratos envolvendo soluções de problemas.

O Brasil tem potencial criativo para fazer até melhor nessa área. Mas é preciso ter as bases competitivas e o foco em exportações.

Conclusão: necessidade de um conjunto
de políticas integradas, visando à meta
do quarto centro global

USAR O MODELO ESCANDINAVO PARA CONSTRUIR GRANDES COMPLEXOS INDUSTRIAIS EM TORNO DOS PRINCIPAIS SETORES INTENSIVOS EM RECURSOS NATURAIS (AGRONEGÓCIO/AGROINDÚSTRIA, MINERAÇÃO MODERNA/METALURGIA)

Fundamentação da proposta

Nos Estados Unidos e na Europa, frequentemente se forma um *cluster* (aglomerado) de indústrias (setores) competitivas, com interligações verticais e horizontais.[1]

Por que aplicar a ideia ao Brasil? Estamos subutilizando a nossa riqueza de recursos naturais e usando-a, quase exclusivamente, sob a forma de produção de commodities (produtos padronizados), primárias ou industriais.

A PROPOSTA: CRIAÇÃO DE GRANDES COMPLEXOS INDUSTRIAIS EM TORNO DE SETORES INTENSIVOS EM RECURSOS NATURAIS (SE POSSÍVEL, CRIANDO NONCOMMODITIES)

Sugestão de setores integrados:

- Agronegócio/Agroindústria.
- Mineração moderna/metalurgia moderna.
- Petróleo-gás/petroquímica (inclusive química fina).
- Celulose/papel.

Já começamos a criar noncommodities (produtos diferenciados):

- Cafés gourmet.
- Café descafeinado (naturalmente).
- Ônibus sob medida, para diferentes países.
- Plásticos biodegradáveis.
- Couro vegetal.

---

[1] Michael E. Porter, *A vantagem competitiva das nações*. Rio de Janeiro: Campus-Elsevier, 1992.

- Prêmios de design para móveis brasileiros no exterior.
- Moda criativa (segundo maior gerador de emprego, somada ao vestuário).

Condição básica para construir o *cluster:* os setores-base (agronegócio, por exemplo) têm de ter médio ou alto conteúdo tecnológico para serem realmente competitivos e servir de fundamento para toda a montagem a ser feita. A economia do conhecimento torna isso viável. No caso do agronegócio, é possível inclusive usar a "agricultura de precisão"[2] – aplicação de tecnologias geoespaciais e TICs na gestão de lavouras. No Vale dos Vinhedos, ao lado de Bento Gonçalves, por exemplo, ela é utilizada.

A construção do complexo industrial pode incluir: indústria de bens de capital, indústria eletroeletrônica (principalmente TICs), robótica, nanotecnologias e até ciências aeroespaciais (exemplo: a citada agricultura de precisão").

E, também, desenvolvimento de sinergias com centros de excelência (universidades) e institutos de tecnologia.

COMO CONSTRUIR O *CLUSTER*

Como mencionado, o melhor exemplo histórico é o "modelo escandinavo":

- Começaram desenvolvendo setores intensivos em recursos naturais e em desvantagem natural (clima).
- Mas, aplicando C&T, modernos métodos de gestão, qualificação de mão de obra, produzindo máquinas/equipamentos para principais etapas das cadeias produtivas, construíram os complexos industriais.

Resultado, hoje produzem (e exportam):

- Aviões.
- Carros de luxo.
- Móveis de design sofisticado.
- Equipamentos de telecomunicações.
- Telefones celulares. Exemplo: Nokia.

---

[2] Ver *Precision Agriculture in the 21st Century*. Washington, D.C.: The National Academia Press, 1997.

Dominaram "aptidões modernas" e estão em tecnologias avançadas.

Usar o conceito de Empresa Inteligente, fazendo redes de subcontratação (terceirização) para atividades fora da competência básica da empresa.

Importância da logística: para fortalecer a competitividade sistêmica do país e viabilizar alguns dos complexos industriais, prioridade à construção de corredores de exportação (mercados externos) e corredores de transportes (mercados internos), tendo como base ferrovias modernas.

O objetivo básico é não ter mais setores primários e, tanto quanto possível, não ter commodities (ou seja, fazer produtos diferenciados).

Isso é possível usando P&D e, em sentido mais amplo, economia do conhecimento. Todos os setores intensivos em recursos naturais passam gradualmente a adquirir satisfatório conteúdo de conhecimento e tecnologia, avançam na adição de valor integrando-se aos setores secundários; e integram-se em cadeias de valores articuladas com produtores de equipamentos e TICs.

E a ideia de aglomerados produtivos (*clusters* inovadores), aglomerados de grandes e pequenas empresas e, tanto quanto possível, de produtos diferenciados.

BIOECONOMIA E, PRINCIPALMENTE, NOVA ETAPA NO DESENVOLVIMENTO DA BIOENERGIA

Nova etapa da bioenergia

Novos sonhos no Vale do Silício (Califórnia): de olho num futuro com outra matriz energética, empresas do Vale do Silício procuram atualmente:

- Utilizar tecnologia para transformar celulose em etanol.
- Transformar algas em combustível equivalente ao petróleo.[3]

Nova etapa na bioenergia: Brasil tem de manter a liderança tecnológica, não perdendo a corrida (para os Estados Unidos) do desenvolvimento da nova geração de tecnologias de bioetanol, digamos, à base de celulose (florestas multiuso).

Para isso, deve utilizar Embrapa, IAC, Fapesp e ter programa específico.

"O quadro é bem diferente com o bioetanol, cuja produção a partir da cana-de-açúcar apresenta excelente desempenho com as tecnologias atualmente

---

[3] *Le Monde Diplomatique Brasil*, julho/2009.

disponíveis, e ainda pode ser melhorada com as inovações tecnológicas em desenvolvimento. Nesse sentido, a disponibilidade de processos inovadores para produção de bioetanol não deve significar uma mudança radical de perspectivas para a agroindústria energética nacional.

Não obstante, a possibilidade de obter incrementos importantes de produtividade na agroindústria energética nacional e manter o protagonismo brasileiro em bioenergia, inclusive ampliando os mercados para bens de capital e serviços produzidos no Brasil, justificam todo esforço em desenvolver localmente essas tecnologias.

"A disponibilidade de tecnologias capazes de permitir a produção do bioetanol de materiais celulósicos não constitui apenas um risco a ser considerado para a agroindústria brasileira."

"Na verdade, essas tecnologias podem significar a viabilidade da produção de biocombustíveis em muitos países, expandindo o mercado da bioenergia e possivelmente melhorando as possibilidades de acesso para o bioetanol brasileiro. Visto desse modo, o desenvolvimento de novos processos para a agroindústria do bioetanol é interessante em escala global e quanto mais cedo possa ocorrer, melhor."

"Finalmente, todos os cenários indicados reforçam o papel que os biocombustíveis sustentáveis podem e devem ter na matriz energética brasileira por suas múltiplas e relevantes implicações e vantagens. Assim, é urgente que a bioenergia, em particular o bioetanol, esteja melhor e mais claramente considerado na política energética nacional e em suas consequências, como na legislação tributária associada aos combustíveis, na política de incentivo à pesquisa e desenvolvimento tecnológico em temas de energia e no marco regulatório setorial."[4]

Cabe salientar que, segundo o diretor de Qualidade da ANP,[5] o Brasil já é alternativa mundial para a área de biocombustíveis. Essa tendência ganhará impulso com a exigência do governo americano de uso de etanol na frota de automóveis do país. Isso torna ainda mais importante o desenvolvimento de biocomustíveis de segunda geração. No caso da cana-de-açúcar, aqueles obtidos a partir da celulose presente no bagaço e na palha, que juntos representam mais de 50% da biomassa produzida pela cana-de-açúcar.[6]

---

[4] Ver "Novas Tecnologias em Biocombustíveis: Oportunidades ou Riscos para o Brasil?" L. A. Horta Nogueira, *paper* apresentado ao XXI Fórum Nacional.
[5] Allan Kardec, entrevista ao *Jornal do Brasil*, p. A6.
[6] Helaine Carrer, profª da USP. "Novas Tecnologias para o Biocombustível". Fórum Especial, novembro de 2010.

O BRILHANTE FUTURO DA CANA

Importante assinalar que a cana-de-açúcar não tem como seus derivados apenas o açúcar e o etanol. Inovações nas usinas e nos laboratórios deverão transformar a cana em bioplásticos, óleo diesel e energia elétrica. Além de dar origem a biorrefinarias.[7]

Dessa forma, um complexo produtivo está sendo construído em torno da cana-de-açúcar graças a novas tecnologias. É o nosso centenário produto de exportação colonial, que passa a servir de base à matriz de novos produtos (commodities e noncommodities).

O BRILHANTE FUTURO DA MADEIRA

Indo além, até a energia esquecida (energia da madeira) emerge como nova oportunidade para o país.[8]

A madeira é uma das principais fontes de Energia primária do Brasil, dando origem a 29Mtep,[9] a mesma ordem de grandeza que a energia hidráulica. Apesar da sua importância, ainda não é objeto de uma política definida, e seu comércio e uso se faz sem qualquer norma, como ocorre com todas as modalidades de energia usadas no país. Daí a necessidade de uma política.

O Brasil tem insolação elevada, produtividade florestal alta e base industrial que depende do carvão vegetal para produzir gusa de alta qualidade. Além disso, pode incorporar, nessa cadeia, os resíduos agroindustriais e biomassas com ciclos de crescimento curtos e de baixo custo, que complementam ou substituem a madeira como fonte de energia. Reúne, portanto, as condições necessárias para dar um novo impulso ao uso dessa fonte renovável, com expectativa de custos decrescentes, na contramão das expectativas quanto aos combustíveis fósseis.

Diretrizes claras são necessárias para embasar um ciclo virtuoso que aumente a eficiência da cadeia produtiva da madeira, levando o Brasil a liderar com postura crítica uma verdadeira revolução, que promova a incorporação dessa fonte renovável, mais atraente que as fontes fósseis.

---

[7] Revista *Exame*, 24.9.2008.
[8] Ver Jayme Buarque de Hollanda, *paper* preparado para o XXII Fórum Nacional.
[9] Mtep: milhões de toneladas equivalentes de petróleo; o número é subestimado: ver adiante.

A base legal para criação de uma política, a seguir denominada PME (Política de Madeira Energética), consta da Lei 9.478/97 de 1997, que criou a política energética nacional, com as alterações introduzidas pela Lei 11.097/05, que, em 2005, reconheceu as bioenergias como parte das políticas de energia.

Para o nosso objetivo, ela deve ser proposta pelo Conselho Nacional de Política Energética (CNPE) e seria motivo de um decreto. Na operacionalização, é fundamental o papel da Agência Nacional do Petróleo, Gás Natural e **Biocombustíveis** (grifo nosso), que tem a responsabilidade de criar as normas energéticas aplicáveis, bem como de fiscalizar o comércio e registro das atividades relacionadas aos biocombustíveis em geral.

A proposta preliminar foi preparada pelo INEE no Seminário de Madeira Energética e contou com a colaboração de diversos especialistas.

ESTRATÉGIA DE DESENVOLVIMENTO DA ELETRÔNICA ORGÂNICA (COM VISTAS INCLUSIVE AO CHIP ORGÂNICO)

"O panorama global de evolução da indústria de semicondutores e da eletrônica, previsto para futuro não muito distante, é muito diferente do atual." Há uma grande metamorfose acontecendo nessa área.

Razões: o uso de novos materiais semicondutores, de um lado, e o advento da nanotecnologia, de outro.

E a maior novidade do século XXI, nessa área de tamanha importância, a eletrônica, são os semicondutores orgânicos – moléculas orgânicas com propriedades semicondutoras.

A eletrônica orgânica atuará em duas áreas: a miniaturização e as grandes áreas.

No tocante aos circuitos integrados e memórias (chips), quem impera é o silício, tirando proveito da conhecida Lei de Moore (adensamento nos chips de alta densidade). Mas, tudo indica, esse mundo da microeletrônica, tal como o conhecemos, chegou ao limite.

Entra aí a oportunidade dos chips orgânicos (de mais de uma centena de bits).

Temos, assim, um bom exemplo do mercado que surge para a eletrônica orgânica. As estimativas são de que, na altura de 2015, já alcançará ele a ordem de US$30 a US$35 bilhões.

E o Brasil já está nessa nova grande tecnologia do século XXI, principalmente com o Instituto Nacional de Ciência e Tecnologia de Eletrônica Orgânica (USP – São Carlos).

É um novo mundo dentro do "admirável mundo novo".[10]

TRANSFORMAR A CRIATIVIDADE EM *COMPETITIVE EDGE*, GERANDO EXPORTAÇÕES EM VÁRIAS INDÚSTRIAS CRIATIVAS

Em recente pronunciamento, a coordenadora da Unidade de Projetos da Agência de Promoção de Exportações (Apex) falou duas coisas: que a criatividade brasileira está gerando razoáveis exportações; e que os estudos feitos pela agência mostram um grande potencial para as nossas "indústrias criativas" – são indústrias culturais como produção musical e audiovisual (discos, cinema), e coisas como design, propaganda e publicidade.

Parece não haver dúvida quanto ao fato de ser grande o potencial nessa área, se soubermos transformar em geração de bens e serviços a criatividade do país em vários setores.

Isso não acontecerá se não houver uma estratégia de desenvolvimento das indústrias culturais (e criativas, em geral). Na categoria, temos: educação (principalmente o ensino superior), indústria do livro, cinema (inclusive na forma de DVD), teatro, música (MPB e clássica), artes plásticas, dança, novo turismo (turismo cultural e ecológico), esportes (principalmente futebol), mídia (jornal, rádio, TV, moda criativa, design).

Nos Estados Unidos, tais atividades são hoje megaindústrias, com grande resultado em exportações.

Mas, no Brasil, a citada estratégia só alcançará o objetivo, principalmente quanto a exportações, se, em vários dos setores indicados, forem criadas fortes estruturas empresariais ou institucionais. Criatividade não é suficiente. Faz-se necessário um sistema de incentivos que leve à criação de adequadas estruturas e uma ação eficiente de promoção.

---

[10] Ver Roberto Mendonça Faria, coordenador do Instituto Nacional de Eletrônica Orgânica, USP-São Carlos, "Eletrônica Orgânica em direção ao *chip* Orgânico" (*In: China, Índia e Brasil*. XXIII Fórum Nacional. José Olympio, 2011).

Ainda uma observação. Como os Estados Unidos e outros países desenvolvidos exportam cultura de massa para o Brasil (e a globalização cultural atua no mesmo sentido), há o risco da descaracterização cultural, da perda de identidade e diversidade brasileira. Razão adicional para desenvolver uma política cultural que faça a articulação da cultura com a mídia e a empresa, fortalecendo, como mencionado, as indústrias culturais (e criativas, em geral) brasileiras.

NOVA LOGÍSTICA DE TRANSPORTE DE MASSA NAS GRANDES CIDADES BRASILEIRAS

No Brasil, inventou-se a ideia brilhante: ônibus como transporte de massa, e, pior ainda, carros em profusão, infernizando o trânsito e constituindo o grande poluidor das cidades.

Isso não existe no mundo civilizado. Transporte de massa é:

- Metrô (rede ampla em todas as direções).
- Trens de subúrbio (inclusive monotrilho).
- VLT (veículo leve sobre trilho) – a nova geração do velho bonde.

FAVELAS, INCLUSÃO SOCIAL E DESENVOLVIMENTO (E O MITO DA MARGINALIDADE)

Em todas as metrópoles brasileiras existem favelas (comunidades), que, às vezes, descem ao nível de guetos medievais.

É um enorme desperdício num país que precisa realizar desenvolvimento humano (acumulação de capital humano) para o desenvolvimento econômico e social.

Necessário, pois, se torna iniciar uma nova era, com a transformação das comunidades (favelas) em instrumento do desenvolvimento brasileiro.

Já em 1977[11] se denunciou o Mito da Marginalidade, ou seja, a ideia de que os "residentes dessas favelas são politicamente alienados, parasitas da economia, inclinados ao crime e uma mancha na paisagem".

---

[11] Janice E. Perlman, *O Mito da Marginalidade*. Rio de Janeiro: Paz e Terra, 1977.

O que aconteceu de lá pra cá foi que o Estado (no sentido de governo) abandonou as favelas, que passaram a ser as comunidades sem proteção policial e sem políticas sociais, e, por isso, presa fácil dos narcotraficantes e das milícias.

Agora que existe a iniciativa das UPPs, é preciso que o país assuma a ofensiva, proporcionando às favelas a necessária segurança, inclusão social e oportunidade, ingredientes para que tenhamos a transformação dessas comunidades pobres em real instrumento do desenvolvimento do país.

OPORTUNIDADE GLOBAL: DE POTÊNCIA AMBIENTAL À ECONOMIA SUSTENTÁVEL ATRAVÉS DO PIB VERDE

INTEGRAÇÃO NACIONAL: OPORTUNIDADES PARA O NORDESTE E A AMAZÔNIA

CLIMA INDISPENSÁVEL À REALIZAÇÃO DAS REVOLUÇÕES

Segurança Pública – atualmente crime sem castigo: segurança como alta prioridade em nível do governo federal.

Ambiente Econômico-Institucional.

Suma das sumas*

---
* Ver final de *Dom Casmurro*.

SÍNTESE

O Brasil desenvolvido é função basicamente de dois fatores:

- Educação de qualidade – Brasil como país de alto conteúdo de capital humano (desenvolvimento humano). Educação permanente.
- Economia do conhecimento – o conhecimento repercutindo (sob todas as formas), levado a todos os setores, para o aproveitamento de grandes oportunidades econômicas, e a todos os segmentos da sociedade, para evitar exclusões (exemplo: exclusão digital).

Criação de oportunidades para todos exige um modelo de desenvolvimento com grande geração de empregos (apenas o emprego tira da pobreza).

Entretanto, só haverá o aproveitamento de oportunidades, econômicas e sociais, se for criado clima propício ao desenvolvimento do espírito empresarial na grande e na pequena empresa.

ESPÍRITO EMPRESARIAL COMO ARMA SECRETA DO BRASIL

Enquanto se universaliza a educação de qualidade (até o nível médio, pelo menos) e a expansão da economia do conhecimento e se converta em realidade a grande geração de empregos, há necessidade de uma estratégia de desenvolvimento social (e inclusão social) que inclua a redução da pobreza (necessidades básicas), a eliminação da pobreza extrema (necessidades alimentares) e realize a inclusão digital (banda larga).

POR QUE SOLIDÃO DO CORREDOR DE LONGA DISTÂNCIA?

Corredor de longa distância

De 1900 a 1980, o Brasil foi o país que mais cresceu no mundo. Era corredor de olimpíada, mas não foi suficiente (OECD).

Depois, veio a "geração de brasileiros que nunca viu o país crescer" (em termos de renda *per capita*). E a redescoberta do crescimento ("Lula é nosso").

Agora, nova oportunidade: a quarta grande concepção se soubermos aproveitá-la.

SOLIDÃO

Por mais integrados que estejamos na economia global, temos de definir nossa própria estratégia (e os outros emergentes também) se quisermos chegar a ser país desenvolvido.

INDIGNAI-VOS!
*(INDIGNEZ-VOUS!)**

Stéphane Hessel

"Que sorte poder aproveitar para lembrar o que serviu de base ao meu engajamento político: os anos da resistência (francesa) e o programa elaborado há sessenta e seis anos pelo conselho nacional da resistência."

*

***

"O motivo da resistência era a indignação."

*

***

"Indiferença: a pior das atitudes."

*

***

"A não violência, caminho que devemos aprender a trilhar."

*

***

---

* Stéphane Hessel (93 anos), *Indignez-vous!*. Indigène Éditions, 2011.

A todos aqueles e aquelas que construirão o século XXI,
dizemos com carinho:
Criar é resistir,
Resistir é criar.

"ESTA TERRA TEM DONO."

Com essa colocação, em 1756, Sepé Tiajuru foi um dos líderes da resistência, no território das missões, aos invasores portugueses e espanhóis.

Com a mesma colocação, dizemos que esse dono é o povo – o maior trunfo de um país como o Brasil.

Povo que deseja ser objeto de consideração e dedicação.

Consideração e dedicação, principalmente pelo sistema político.

E só há uma forma de obter essa consideração e dedicação – converter-se em uma sociedade ativa e moderna. Bertrand de Jouvenel assinala: "Uma sociedade de cordeiros tende a gerar um governo de lobos."

Povo e sociedade – um casamento indissolúvel.

ESTA TERRA TEM DONO

Epílogo: a busca da felicidade

*"O sentido final da vida humana está na busca pela felicidade."**

Gilberto de Mello Kujawski*

DECLARAÇÃO DE INDEPENDÊNCIA (ESTADOS UNIDOS)**
(4 DE JULHO, 1776)

"Sustentamos essas verdades como autoevidentes, que todos os homens são criados iguais, que eles são dotados, pelo seu criador, de certos direitos inalienáveis, que entre eles estão **a vida, a liberdade e a busca da felicidade** (*The pursuit of happiness*).

(PREÂMBULO)

INTERPRETAÇÃO *A BUSCA DA FELICIDADE*
(*THE PURSUIT OF HAPPINESS*)***

"Sumariando o que vimos até agora, em nossa tentativa de entender a colocação da 'declaração', de que entre esses direitos (inalienáveis) estão a *vida*, a *liberdade* e a *busca da felicidade:*" (Grifo nosso.)

1. O **direito fundamental** é a busca da felicidade, com base em nossa obrigação de construir uma boa vida para nós próprios.
2. Os direitos à *vida* e à *liberdade* são direitos subordinados, porque são direitos a *meios* indispensáveis à busca da felicidade. E também porque garantia de vida e órgãos, liberdade de ação e liberdade política dependem de circunstâncias que estão dentro do poder de uma sociedade organizada e do seu governo de controlar.

Claro, existem outros direitos naturais. Todos os seres humanos, por natureza, têm desejo de conhecimento. Mas esse e os demais direitos naturais são também subordinados ao direito à busca da felicidade.

---

* *O Sentido da Vida*. São Paulo: Editora Gaia, 2010.
** Redigida por Thomas Jefferson.
*** Ver Mortimer J. Adler. *Sustentamos essas verdades*. Nova York: Macmillan, 1987.

DECLARAÇÃO UNIVERSAL DOS DIREITOS HUMANOS – ONU (1948)

Artigo 1º
"Todas as pessoas nascem livres e iguais em oportunidades e direitos. São dotadas de razão e consciência e devem agir em relação umas às outras com espírito de fraternidade."

Artigo 3º
"Toda pessoa tem direito à vida, à liberdade e à *segurança pessoal.*" (Grifo nosso.)

1948 E 1776
E O DIREITO FUNDAMENTAL?

O contraste
China: palavra de ordem é felicidade – e Pascal

China

"... A *palavra de ordem* destinada a mobilizar e motivar a população – num momento em que a China busca novos rumos políticos, sociais e econômicos – é felicidade. As autoridades consideram que, depois de trinta anos de crescimento econômico e de sacrifício feito pelo povo para que a China se tornasse a segunda economia mundial, está na hora de mais felicidade aos que trabalham tanto."[1] (Grifo nosso.)

Pascal (século XVII)

"O homem deseja ser feliz, e apenas deseja ser feliz, e não consegue desejar não sê-lo."

---

[1] *O Globo*, 8.5.2011, p. 40.

BRASIL COMO CULTURA E CIVILIZAÇÃO – VISÃO DE ZWEIG

Na introdução ao seu livro, Zweig[2] diz que o Brasil parecia ter resolvido bem um problema central de toda a comunidade, toda a nação – o tipo de sociedade: "(...) Como poderá conseguir-se no mundo viverem os entes humanos pacificamente uns ao lado dos outros, não obstante todas as diferenças de raças, classes, pigmentos, crenças e opiniões?"

E acrescenta: *"Percebi que havia lançado um olhar para o futuro do mundo."* (Grifo nosso.)

Clima social propício à busca da felicidade?

PALAVRA FINAL: POR ÚLTIMO, MAS NÃO O ÚLTIMO

Juntos, como sociedade ativa e moderna, podemos escrever um novo capítulo da história do brasil – se fizermos a opção por novo modelo de desenvolvimento, iniciando a era das grandes oportunidades.

Cabe a nós decidir se queremos fazê-la.

---
[2] Stefan Zweig, *Brasil, um País do Futuro*. Editora Guanabara, 1941.

SEGUNDA PARTE

O novo modelo: propostas e comentários

Grande recessão: oportunidade de novo modelo de desenvolvimento

*Rubens Ricupero**

---
* Embaixador. Ex-Ministro da Fazenda.

A sessão de hoje nos dirige duas indagações. A primeira é saber se o mundo vive atualmente não uma recessão habitual na alternância do ciclo de negócios, mas sim uma grande recessão, depressão ou, para distingui-la das recessões habituais, uma grande contração, como querem Kenneth Rogoff e Carmen Reinhard, autores de *Oito séculos de delírios financeiros: desta vez é diferente* (Campus-Elsevier, 2010), exame exaustivo das crises financeiras ao longo de oitocentos anos.

A segunda pergunta é se o Brasil teria condições de transformar em oportunidade de novo modelo de crescimento as circunstâncias eventualmente criadas por uma grande contração.

Em relação ao primeiro quesito, os indicadores de recaída nos Estados Unidos, na Europa e no Japão apontam todos para a plausibilidade de que a crise, desencadeada em agosto de 2007 com o estouro da bolha imobiliária americana, pertença à modalidade mais perniciosa e prolongada, das que combinam contração produtiva com o colapso do sistema financeiro. Resultado de sobreendividamento, tais crises acontecem raramente, uma vez a cada setenta ou oitenta anos, e só se resolvem depois de penoso e longo processo de desendividamento, que leva em média sete, oito a nove anos ou mais.

Pertenceria a essa variedade a Grande Depressão dos anos 1930, cuja curva se parece não tanto a um mergulho contínuo, mas a uma espécie de montanha russa, com despenhadeiros abruptos alternando com temporárias e ilusórias escaladas, às quais se seguiriam novas quedas. Foi o que ocorreu nos Estados Unidos no meio da crise, com a recaída de 1938.

Os sinais do momento lembram a recaída de meio percurso: anêmico crescimento nos Estados Unidos, persistência do desemprego em níveis elevados, riscos de quebras soberanas na Europa com impactos bancários imprevisíveis, paralisia na ação política. Por conseguinte, para todos os efeitos práticos, independentemente de saber quanto tempo ainda há de durar e se vai se agravar, a atual crise já é o equivalente do ambiente econômico externo provocado por uma dessas contrações longas.

Quanto à segunda pergunta, a história econômica demonstra que, no único precedente histórico recente de uma grande contração mundial, a dos anos 1930, tanto o Brasil quanto a América Latina lograram realizar justamente o que propõe o título do fórum: crescer em meio à crise. Para nós, o período não merece, assim, o nome que adquiriu internacionalmente, nem pela duração nem pela intensidade.

Com efeito, enquanto nos Estados Unidos a recuperação durável só chegou com a Segunda Guerra Mundial, na América Latina, exceto Nicarágua e Honduras, todos começaram a crescer em 1931/1932, com números positivos constantes e superação do PIB real *per capita* anterior à crise.

Em oito deles, entre os quais Brasil, México, Chile, Peru e Venezuela, o PIB aumentou mais de 50% entre 1931 e 1932 e 1939. Nesses anos, a média do crescimento anual brasileiro foi de 4,8%, contra 4,4% na Argentina, 6,5% no Chile e 6,2% no México. Nada mau, portanto, mesmo comparado ao desempenho recente, digamos de 2000 a 2008.

O principal impulso proveio do mercado interno. A demanda se manteve forte, favorecida por políticas fiscais e monetárias estimuladoras do consumo e investimento. No Brasil, até a queima do café em locomotivas contribuiu, pois, ao gastar para comprar e destruir o produto, o governo injetou recursos na economia.

Um fator secundário da recuperação consistiu na reativação do comércio exterior que, apesar do protecionismo, cresceu em dólares a partir de 1932 até a recaída americana de 1938. Nesses anos, as importações dos Estados Unidos aumentaram em 137%. Em volume, as vendas do Brasil aumentaram em média de 10,2% por ano, e as importações em 9,4%. A exceção coube à Argentina, dependente da Inglaterra, cujas exportações caíram em 1932, só se recuperando vinte anos depois.

Portanto, crescimento em tempos de crise não é experiência inédita e excepcional, nem no espaço, pois comum à maioria do continente, nem no tempo, uma vez que nos havíamos saído bem de crise incomparavelmente mais grave nos anos 1930. Naquela ocasião, entramos na turbulência com dívida, cujo pagamento tivemos de suspender várias vezes parcialmente até a suspensão total em novembro de 1937. Hoje, a situação em matéria de dívida, reservas e saúde do sistema financeiro é infinitamente superior.

Não havia, na época, a China para ajudar. Só no final, a Alemanha nazista pesou mais no comércio, representando 10% das exportações e 17% das importações latino-americanas. O Brasil teve, nessa expansão, o melhor resultado em volume graças ao algodão, cuja área quadruplicou, multiplicando por seis a produção e compensando o fraco desempenho do café.

O fato é que, para a América Latina e o Brasil, a verdadeira grande contração não foi resultado do contágio de acontecimentos externos, como os dos anos 1930, mas o produto de causas internas de excesso de endividamento e de hiperinflação. Em outras palavras, a nossa grande contração foi a da década, e meio perdida, dos anos 1980 e 1990.

Voltando ao momento atual, numa crise mundial prolongada, o pior risco para o Brasil parece ser o do câmbio e das importações, mais que o da falta de recursos financeiros externos. Com reservas suficientes, oportunidades de investimento atrativas e sem os problemas de endividamento dos anos 1930 e 1980, as condições para enfrentar uma nova crise de contração são razoavelmente melhores que em qualquer momento similar do passado.

De maneira geral, quase todos os indicadores internos são superiores aos históricos: crescimento e inflação moderados, déficit fiscal e endividamento público inferiores à média mundial, consumo e crédito em expansão, geração de empregos formais, aumento da massa salarial, redução da pobreza e da desigualdade.

Mesmo o contexto internacional não é negativo de maneira uniforme. Um dos paradoxos atuais é que, no auge da globalização, supostamente unificadora dos mercados em escala planetária, vivemos um momento bipolar na economia.

Nos 1930 e até nos 1980, China, Índia, Ásia contavam pouco (exceto o Japão) como destino de nossas exportações. A conversão da China no primeiro mercado brasileiro é mutação sugestiva de que somos um dos maiores beneficiários da emergência asiática.

Qual é, então, o perigo no quadro de agravamento da crise mundial? É deixar que o principal motor da economia nessa emergência, a capacidade de expansão do mercado doméstico, seja ocupada por importações favorecidas pela moeda apreciada. A coincidência do aumento do consumo com a estagnação da indústria nacional demonstra que a expansão já está sendo capturada pelas importações.

Recente pesquisa coordenada pela nossa mais atualizada e experiente especialista em Organização Mundial de Comércio (OMC), Vera Thorstensen, professora da Fundação Getulio Vargas, comprova que o real apresenta desalinhamento de 30% para mais. Enquanto isso, o dólar dos Estados Unidos está com subvalorização de 10% para menos, e a moeda chinesa vale entre 20% e 30% menos do que deveria.

Em consequência, o câmbio anula as tarifas negociadas pelo Brasil na OMC. Vai além: atua como subsídio indireto e estímulo às importações, sobretudo chinesas. É conversa fiada nessas condições falar em negociar acordos, bilaterais ou de qualquer natureza. Negociar o quê, se as tarifas, cuja redução constitui boa parte das negociações, já estão sendo eliminadas pelo câmbio?

O Brasil conseguiu que a OMC examine a relação entre câmbio e comércio. Até agora se aceitou apenas encomendar estudos. São mínimas as chances de obter remédio efetivo em tempo hábil. Na Rodada Uruguai, apesar de um grupo de negociação especial, não se logrou mais que uma declaração genérica sobre a falta de coerência entre o sistema comercial, de um lado, e o sistema monetário e financeiro, do outro. O artigo XV do Acordo Geral estipula que os países "devem evitar manipular as taxas de câmbio e o sistema monetário internacional [...] e de frustrar por meio de ações cambiais os objetivos do Acordo".

Quando esse artigo foi aprovado em 1947, vivia-se no regime de taxas fixas e de convertibilidade em ouro, estabelecido pelo Acordo Constitutivo do Fundo Monetário Internacional. O artigo IV desse acordo impunha disciplinas para as taxas de câmbio. Essas disciplinas desapareceram desde que, em 1971, o presidente Richard Nixon decidiu abandonar a convertibilidade em ouro, introduzindo-se o sistema de flutuação cambial. Dizia-se então que, após uma volatilidade inicial de alguns meses, o regime de taxas flutuantes encontraria seu equilíbrio. Estamos esperando há mais de quarenta anos, e desde então houve vários episódios em que os membros do G7 se viram forçados a intervir, conforme ocorreu nos acordos do Plaza e do Louvre.

Quem acreditaria, neste momento, na possibilidade de que haja um novo acordo Bretton Woods e se volte a dispor de disciplinas cambiais reforçadas, como sugeriu o relatório Camdessus sobre a reforma do FMI? As perspectivas de reforma eficaz do sistema monetário e cambial internacional parecem mais remotas do que nunca.

Da mesma forma, não existem, no acervo de normas da Organização Mundial de Comércio, remédios legais contra a manipulação cambial e o desalinhamento de moedas. Não falta quem sugira soluções como um até agora inexistente *antidumping* cambial, um sistema de direitos compensatórios que considere a desvalorização competitiva como o equivalente de um subsídio às exportações ou um sistema renovado de salvaguardas. Tudo isso, contudo, teria de ser negociado e aprovado pela OMC, que nem consegue chegar a acordo sobre os temas incomparavelmente mais simples da Rodada Doha, iniciada há dez anos.

Para nós, não se trata de ameaça hipotética e futura. A invasão de importações favorecidas pelo desalinhamento do câmbio salta aos olhos. Na falta de quadro legal internacional, temos de encontrar instrumentos nacionais para neutralizar com urgência os efeitos comerciais da anarquia cambial. Não para erigir barreiras novas, mas simplesmente para manter as mínimas indispensáveis.

É fantasia imaginar que se possa descobrir algum remédio miraculoso, uma bala única para liquidar o tigre. A solução terá de vir de conjunto de medidas e políticas, desde as de defesa comercial, até os controles de fluxos financeiros e o desencorajamento ativo por meio de impostos do capital especulativo do *carry trade*, passando obrigatoriamente pela redução do custo Brasil que incide sobre a competitividade.

Que não haja ilusões, porém. Tudo isso não passará de paliativo se o governo não tiver êxito em atingir o âmago do problema: a redução da taxa de juros, consistente com o controle da inflação e a redução gradual do aumento nas despesas de custeio, criando condições para melhorar a competitividade e ao mesmo tempo fazer o câmbio voltar a nível realista e equilibrado.

Alcance e lacunas da nova política industrial

*Julio Gomes de Almeida**

---

* Professor do Instituto de Economia da Unicamp e economista do Instituto de Estudos para o Desenvolvimento Industrial.

INTRODUÇÃO

O Plano Brasil Maior, lançado em agosto de 2011, estabelece a política industrial, tecnológica, de serviços e de comércio exterior do período do novo governo (2011-2014). Segundo suas próprias palavras, "focalizando o estímulo à inovação e à produção nacional para alavancar a competitividade da indústria nos mercados interno e externo, o país se organiza para dar passos mais ousados em direção ao desenvolvimento econômico e social". Com o PBM, o governo dá continuidade aos dois planos anteriores do mandato do Presidente Lula: a Política Industrial, Tecnológica e de Comércio Exterior (PITCE) – 2003-2007 – e a Política de Desenvolvimento Produtivo (PDP) – 2008-2010.

O lançamento do PBM foi oportuno, já que o setor industrial não vive um bom momento. De fato, a indústria não cresceu desde o auge anterior à grande crise internacional de setembro de 2008. A crise causou forte declínio no setor, seguido de recuperação ao longo de 2009 e parte de 2010, o que recolocou o nível de produção no patamar anterior à crise. Considerando esses dois movimentos, na média dos últimos três anos, a indústria brasileira virtualmente não saiu do lugar. Um colapso de competitividade dos setores produtivos nacionais devido à valorização do real, aliado a uma intensificação sem precedentes da concorrência mundial por mercados dinâmicos como é o mercado brasileiro, responde pela estagnação industrial. Os sinais de agravamento do quadro financeiro e de crescimento econômico das economias industrializadas podem prejudicar ainda mais o crescimento da economia brasileira, que já sofria um desaquecimento devido ao fraco desempenho manufatureiro.

Outro ponto relevante é o fato de que, com o PBM, o novo governo dá uma demonstração de que atribui ao setor industrial um decisivo papel na promoção do desenvolvimento do país. Daí o empenho em transformar em ações relevantes os três pilares sobre os quais se apoia a nova política industrial: a) ampliação dos estímulos ao investimento e à inovação; b) adoção de medidas para a área do comércio exterior; c) ações para a defesa da indústria e do mercado interno.

Dentre as principais medidas do Plano Brasil Maior, algumas delas têm dimensão pioneira, como nos casos da desoneração da folha de salários e do programa Reintegra para os exportadores. O plano ainda introduz novidades importantes nos temas do financiamento ao investimento e à inovação e na regulamentação da preferência à produção nacional em compras governamentais.

Em suma, seus pontos fortes são: pioneirismo em algumas ações, avanços na desoneração do investimento e exportação, expressiva contribuição do financiamento do BNDES e FINEP para o investimento e inovação e regulamentação do mecanismo de compras governamentais.

O texto que se segue procura analisar as medidas do PBM em duas dimensões. A primeira é a da pertinência e da capacidade das ações corresponderem aos objetivos pretendidos. São feitas considerações sobre cada bloco de ações do plano, avaliando as políticas anunciadas. A segunda é mais crítica: procura distinguir as lacunas na concepção do Plano Brasil Maior, as quais, segundo nosso ponto de vista, podem comprometer em termos mais profundos a nova rodada da política industrial brasileira no objetivo maior de toda política industrial – transformar para desenvolver a estrutura industrial.

ALCANCE DAS MEDIDAS DO PBM

Estímulos ao Investimento e à Inovação – Desoneração Tributária. As medidas nessa área consistem em: a) prorrogação da redução de IPI sobre itens de bens de investimento, adotada quando da crise, por mais doze meses; b) redução do prazo para devolução dos créditos do PIS/Cofins sobre bens de capital de doze meses para zero. Tais medidas não configuram em si incentivos ao investimento, mas correspondem a uma "remoção de desincentivos". Isso não tira o mérito das medidas. Sendo implantadas em caráter permanente, elas simbolizarão o término de uma distorção grave da estrutura tributária brasileira – a tributação das inversões.

A eliminação dessa deformidade será ainda parcial porque é restrita ao âmbito federal; os estados ainda fazem incidir o ICMS sobre o investimento. Um passo seguinte seria instituir medidas para incentivar novos investimentos (não apenas retirar desincentivos), por exemplo, ampliando a prerrogativa da depreciação acelerada, somente permitida para a cadeia automobilística, para o setor de bens de capital e para a agropecuária. Uma medida dessa ordem daria um poderoso incentivo ao investimento não apenas do setor industrial, mas de todos os setores econômicos do país.

Estímulos ao Investimento e à Inovação – Financiamento ao Investimento. As iniciativas nesse campo, todas no âmbito do BNDES são: a) extensão do PSI (o Programa de Sustentação do Investimento, que tem taxas de juros favorecidas) até dezembro de 2012; b) ampliação do programa de capital de giro para MPMEs; c) relançamento do Programa Revitaliza; d) criação do Programa BNDES Qualificação; e) criação de Programa para Fundo do Clima.

O comentário geral é que as medidas do PBM nessa área não parecem elevar significativamente o volume de recursos do BNDES para o investimento na indústria e serviços. A tônica parece ser outra: o estabelecimento de focos específicos para o direcionamento do financiamento incentivado. Além da definição de prioridades, foram determinadas as datas para o término do benefício, como é recomendável. Assim, o PSI, que já tinha focos em bens de capital, inovação, exportação e aquisição de caminhões, passa a incluir componentes e serviços técnicos especializados, equipamentos para a área de tecnologia de informação e telecomunicações, ônibus híbridos, serviços de engenharia e a Linha Inovação Produção. O prazo de vigência do PSI vai até dezembro de 2012. O Revitaliza (programa anterior que beneficiava com juros mais baixos os setores afetados pela concorrência externa, como têxtil e confecção, couro e calçados, bens de capital, passando a abranger também autopeças) vai até a mesma data. Os demais programas são focados nas micros, pequenas e médias empresas, no ensino técnico e profissionalizante e em sustentabilidade. Portanto, nesse campo, o PBM agiu inteiramente dentro da boa técnica de política de desenvolvimento: definiu os segmentos para os quais se dirige o incentivo do financiamento com recursos do Tesouro Nacional e fixou a data para o seu término.

Estímulos ao Investimento e à Inovação – Financiamento e Incentivos à Inovação. As ações na área são: a) novos recursos para a Finep; b) programa do BNDES para crédito pré-aprovado dos planos de inovação de empresas; c) ampliação dos programas setoriais de inovação do BNDES (a exemplo do programa para fornecedores de petróleo e gás, cadeia da aeronáutica, software, complexo da saúde e cadeia do plástico); d) financiamento pelo BNDES de programas tecnológicos para bens de capital visando à redução de emissões de gases de efeito estufa; e) permitir contratos com cláusulas de risco tecnológico previstas na Lei de Inovação; f) modernização do Inmetro.

Nesse bloco de medidas, há previsão de expressivo aporte adicional de recursos, a partir de novo repasse pelo BNDES à Finep no valor de R$2 bilhões, que se soma a montante equivalente anteriormente aportado na Finep. As demais medidas adotadas na área são importantes, com destaque para o programa do BNDES de financiamento dos planos globais de inovação das empresas, o que muda o foco do apoio financeiro à inovação. Este passa da ótica de um determinado projeto de inovação empresarial para o plano global de inovação da empresa. Em outras palavras, com o novo programa, o objeto do financiamento deixa de ser um projeto particular que visa a uma determinada inovação empresarial, para envolver o conjunto de atividades inovadoras de uma empresa. Quanto maior o horizonte financiável do plano empresarial, maior o alcance do programa. Por outro lado, permitir contratos com cláusulas de risco tecnológico preenche lacuna até agora existente no marco legal da inovação.

Comércio Exterior – Desoneração, Financiamento e Promoção de Exportações. As medidas foram: a) devolução ao exportador de bens industrializados de até 3% do valor exportado (Reintegra); b) ampliação e maior agilidade do ressarcimento aos exportadores de créditos de impostos federais; c) medidas de aperfeiçoamento do financiamento e das garantias e para ampliar a promoção de exportações.

A melhora anunciada no ressarcimento de impostos federais aos exportadores é relevante e é parte da "remoção de desincentivos" anteriormente mencionada, na medida em que os exportadores percorriam um longo percurso para reaver os impostos pagos sobre os produtos vendidos ao exterior. Contudo, como no caso dos impostos sobre os investimentos, aqui também o problema que poderá ter solução definitiva com o PBM é o atinente à esfera federal; na estadual, o impasse persiste. É também relevante sublinhar que o Reintegra é medida pioneira na área de exportação. O objetivo da medida é ressarcir o exportador de impostos e contribuições federais, estaduais e municipais sobre as exportações que não são passíveis de devolução. São os casos da contribuição patronal do INSS e impostos como IPVA, IPTU, ISS etc. A Fiesp realizou estudo sobre o tema, mostrando que o percentual de devolução deveria ser de 6%.

Demais medidas referentes ao financiamento à exportação, garantias e promoção comercial são relevantes, mas correspondem mais a aperfeiçoamentos do que propriamente trazem fatos novos. Em suma, as medidas na área de comércio exterior são positivas com os destaques já assinalados para o ressarcimento de crédito de impostos aos exportadores e criação do Reintegra. Contudo, sem demérito dos esforços realizados, em seu conjunto, infelizmente, não trarão por si só um significativo impulso às exportações de manufaturados, muito prejudicadas pelo prolongado período de valorização do real e pelo estreitamento, acompanhado de maior concorrência, dos mercados consumidores do exterior nos últimos anos.

Comércio Exterior – Defesa comercial. Diversas medidas foram anunciadas nesta área, como: a) intensificação das ações *antidumping*, salvaguardas e medidas compensatórias; b) combate à circunvenção (triangulação), à falsa declaração de origem e ao subfaturamento; c) aperfeiçoamento da estrutura tarifária do Imposto de Importação; d) aumento da exigência de certificação compulsória; e) fortalecimento do combate a importações ilegais; f) suspensão de ex-tarifário para máquinas e equipamentos usados; g) aumento (de 30 para 120) do número de investigadores de defesa comercial.

O tema da proteção comercial deve ser abordado no contexto da atual fase de dificuldades da economia mundial e do atrativo exercido por um país com mercado interno relevante e dinâmico, como o brasileiro. Muitas vezes, as investidas de produtores para penetração em novos mercados envolvem práticas que, pelo menos parcialmente, podem ser consideradas desleais para os produtores internos. Isso está ocorrendo presentemente na economia brasileira. De outra parte, sendo a economia nacional relativamente fechada, não dispõe de todos os mecanismos para exercer os controles de proteção comercial em momento de grande penetração de produtos do exterior. Em razão disso, multiplicaram-se as demandas empresariais por aperfeiçoamentos da defesa comercial em suas várias modalidades e nos mais diversos setores da economia.

Alguns outros pontos atinentes ao tema da defesa comercial devem ser considerados. Primeiramente, a avaliação preliminar de que o sistema brasileiro apresenta muitas lacunas e que as medidas anunciadas pelo PBM ainda estão longe de uma adequada implementação. A triangulação, através da qual produtores de outros países driblam a legislação e os impostos de importação mediante falsa ou maquiladora produção em países do Mercosul, por exemplo, já constitui um problema sério para vários setores. Em segundo lugar, do ponto de vista do governo, as indicações são as de que há disposição e determinação para uma solução urgente do problema e que as medidas anunciadas no PBM "são para valer". Uma observação adicional é que defesa comercial não se confunde com protecionismo, sendo um instrumento de proteção da concorrência.

Defesa da Indústria e do Mercado Interno. Foram adotadas três ações sob a ótica da defesa do mercado interno: a) projeto piloto até 2012 para desoneração da folha de pagamento; b) regime especial setorial para o setor automotivo; e c) regulamentação da Lei 12.349/2010, que institui margem de preferência de até 25% nos processos de licitação para produtos manufaturados e serviços nacionais.

A desoneração da folha tem dimensão pioneira e, dada a complexidade do tema, foi anunciada como um plano piloto para 2012, envolvendo os setores de confecções, calçados, móveis e software. A medida consiste em substituir nesses setores a contribuição patronal ao INSS sobre a folha (20%) por uma contribuição sobre o faturamento com alíquota de 1,5% (2,5% no caso de software). O objetivo é ampliar a formalização do emprego e dar maior competitividade ao produto produzido no país para concorrer em melhores condições com o produto importado sobre o qual também incidirá a nova contribuição. As associações setoriais da indústria estão avaliando o impacto da medida. Representantes do setor de software sustentam, em uma primeira avaliação, que, para o setor, o impacto é positivo e vai colaborar para maior crescimento futuro e para a formalização do setor.

Sobre o novo regime para o setor automobilístico, em 16 de setembro de 2011, o IPI sobre automóveis foi majorado em 30 pontos percentuais até 2012, exceto para veículos produzidos no país e países com os quais o Brasil mantém acordos automotivos (México e países do Mercosul), desde que atendidas, pelas empresas instaladas no país, as exigências de 65% de conteúdo nacional na fabricação dos veículos e destinação de 0,5% do faturamento para investimentos em P&D.

Deve ser observado o contexto que serviu de base à medida. A baixa demanda mundial para produtos industriais e o dinamismo do mercado consumidor brasileiro motivaram estratégias de penetração no país. Isso ocorreu de forma geral nos mercados industriais e não somente no mercado automobilístico, mas, nesse caso, a agressividade e a velocidade do processo foram realmente impressionantes. Uma pequena ilustração: até agosto de 2011, com relação ao mesmo período de 2010, a demanda interna aumentou em 175 mil veículos. A absorção desse aumento pelas importações chegou a 78%, ou seja, na margem, o importado passou a atender quase 4/5 do crescimento do consumo interno, ficando a produção nacional com apenas 22%. Como cabe observar, durante todo o *boom* automobilístico, entre 2006 e 2010, o produto importado foi responsável por 28,3% do aumento da demanda interna, ficando os restantes 71,7% para o produto nacional. A medida dará fôlego aos produtores instalados no país, no Mercosul e México e deve promover investimentos no país pelos atuais exportadores (sobretudo fabricantes chineses).

Finalmente, a regulamentação da margem de preferência para produtos nacionais é espelho de política usada em outros países (como Estados Unidos) e pode exercer papel relevante se usado como instrumento para apoiar setores empregadores submetidos à grande concorrência externa e iniciativas de empresas inovadoras que necessitam de densidade e porte para a consolidação de sua posição competitiva. O governo selecionou os seguintes segmentos beneficiados: complexo de saúde, defesa, têxtil e confecção, calçados e tecnologia da informação e comunicação.

PONTOS CRÍTICOS DO PBM

Cabe apontar pontos de crítica ao PBM dentro da orientação sugerida pelo próprio Plano e pela Presidente Dilma Roussef, quando do seu anúncio de que o PBM não é um produto acabado, mas um processo de construção. O objetivo é apontar lacunas e temas que poderiam merecer reflexão mais profunda para aperfeiçoar e avançar nos objetivos e ações do plano.

Desafios Limitados. Os temas relacionados pelo PBM como desafios – vale dizer: a) intensificar a progressão tecnológica da indústria de transformação; b) combater os efeitos da "guerra cambial" e das incertezas do cenário internacional; c) enfrentar o acirramento da concorrência internacional nos mercados doméstico e externo; d) acelerar o investimento em infraestrutura física; e) impulsionar a qualificação profissional de nível técnico e superior, particularmente em engenharias – são inegavelmente relevantes, mas, a nosso ver, são reveladores do limitado alcance que a formulação do plano se impôs. Tal limitado alcance talvez seja decorrência do PBM se ater ao período de governo que vai até 2014, o que confere um horizonte curto à política de desenvolvimento, a qual, no entanto, deveria ter uma necessária referência no longo prazo.

Em se tratando de uma política para a indústria em um país como o Brasil, em que o seu peso na economia e sua diversificação são relevantes, inclusive para padrões internacionais, a concepção de desafios deve encerrar maior ousadia. Desafio é a visão de futuro que se quer e que é possível alcançar para a indústria enquanto a política industrial é a "ponte" entre o presente e essa antecipação do futuro. A ela cabe a atribuição de articular os mecanismos e dedicar energias, instrumentos, incentivos e recursos para que a visão do amanhã seja confirmada.

Nesse particular, o PBM é pobre, mas pode evoluir muito na sua sequência como fruto de debates sobre o conteúdo inicial do plano e, especialmente, sobre a sua maior lacuna que é a ausência, ou quase isso, de uma visão de futuro. Desafios compatíveis para o momento e para o porte do parque industrial brasileiro não faltam. Nesse sentido, seria muito relevante que a política industrial definisse uma seleção de setores, cadeias ou atividades dentro da preocupação de desenvolver desde já as bases que servirão para a transformação industrial a qual sustentará o dinamismo da indústria em longo prazo. Economia do petróleo, manufatura de base agroalimentar, indústria de bens, serviços e equipamentos referenciados à sustentabilidade, à nanotecnologia, à habitação, à saúde, além de outros temas que o debate e a prospecção dos formuladores da política industrial venham identificar, poderiam ser alvo de desafios mais ambiciosos e para eles poderiam ser direcionados os incentivos das políticas.

É claro que uma política industrial pode e deve contemplar vários outros objetivos, como a preservação ou reforço da competitividade de setores e regiões, desoneração e ações para ampliar o investimento e a exportação etc., mas sem o desafio da transformação da estrutura industrial perde muito de seu significado.

Governança Melhor, mas Ainda Deficiente. Voltar a conceder prestígio ao CNDI no aconselhamento à política industrial é o ponto forte introduzido no PBM no seu sistema de gestão. Cabem, no entanto, duas observações críticas a esse respeito. Primeiramente, é necessário zelar para que o CNDI não se transforme em uma instância de debates de temas meramente setoriais e de alcance limitado e de curto prazo, a exemplo de prorrogações e ampliações de desonerações, incentivos e linhas de financiamentos, embora inegavelmente esses sejam temas pertinentes às discussões desse colegiado. A esse conselho deveria ser atribuída a pauta principal e destacada de debater o futuro da indústria e procurar identificar soluções para que o setor venha contribuir mais com o desenvolvimento do país. Subsidiariamente, desde que esgotadas as discussões sobre a temática central, poderia então o Conselho se debruçar sobre as demais questões.

Em segundo lugar, o sistema de gestão não estabelece uma clara e indiscutível agência governamental responsável em última instância pelo plano e por promover mudanças e ações definidas pelo Comitê Gestor. A referência, nesse caso, é o PAC, que teve na Casa Civil essa agência catalisadora, um dos fatores responsáveis por permitir avanços naquele programa. A preocupação quanto à necessidade de definição de instância responsável deve-se à complexidade implícita na política industrial, a qual envolve muitos setores de governo e medidas de diversas procedências que devem ser integradas de forma harmônica. Do contrário, o plano pode ter resultados aquém do esperado devido à falta de coordenação e comando.

"Pacote de Bondades" Não é Política Industrial. Não cabe aprofundar a discussão sobre os valores dos incentivos e programas de financiamento seguindo o entendimento de que as medidas nessas áreas correspondem ao limite do possível, consideradas as restrições financeiras do governo. Mas caberia ressaltar que ações dessa ordem não deviam ser confundidas com política industrial, o que evitaria o uso de certas expressões que sempre acompanham o anúncio das políticas de desenvolvimento, como "pacote de bondades".

O setor industrial não precisa de "bondades" fiscais para garantir sua existência e se desenvolver. O que se faz necessário é a remoção dos desincentivos sobre exportação e investimentos na linha do que o PBM fez e, nesse sentido, contribuiu de forma importante para a redução do indevido custo tributário da indústria e de outros setores que também investem e exportam. Incentivos de fato (e não meramente remoção de desincentivos) deveriam ser reservados para premiar os esforços de investir e inovar da economia como um todo (e não somente do setor industrial), assim como para promover o florescimento das atividades que nos conduzirão ao futuro. Nesse sentido, o comentário pertinente é que o Brasil está longe de qualquer posição de destaque internacional. Nossos incentivos à inovação foram ampliados com o PBM, mas ainda deixam a desejar na comparação com outros países. Já os incentivos ao investimento, a exemplo da depreciação acelerada que beneficia as inversões em outros países como nos Estados Unidos, não são aplicados no Brasil no campo industrial (são para a agropecuária), salvo a exceção aberta pela anterior política industrial (a Política de Desenvolvimento Produtivo (PDB) de 2008) aos setores da cadeia automobilística e de bens de capital.

Sobre o tema, dois pontos merecem destaque:

- Do total de "bondades" de R$24,5 bilhões do PBM, a grande maioria corresponde tão somente a impostos que nunca deveriam ter sido cobrados, como são os casos dos impostos sobre investimento e exportação.

Nas desonerações previstas, apenas os recursos estimados para a desoneração da folha de pagamentos no valor de R$1,6 bilhões (ou 6,5% do total) correspondem a um incentivo de fato, no caso, aos setores de confecções, calçados, móveis e software.

- Incentivos (e não meramente a remoção de desincentivos) têm validade para atender a determinado objetivo da política industrial como no exemplo dos incentivos aos setores selecionados pelo plano piloto da desoneração da folha de pagamento. No caso, o incentivo visa melhorar a competitividade de setores muito afetados pelo câmbio para que possam concorrer com o produto estrangeiro no mercado interno e no exterior. Incentivos são também pertinentes para ampliar os investimentos e a inovação, beneficiando a economia como um todo. Podem ainda ser decisivos para promover atividades que se revelarão relevantes na estrutura da economia e da indústria no longo prazo. Áreas de sustentabilidade e de novas tecnologias estão entre as atividades para as quais o incentivo fiscal pode ser fundamental.

TABELA 1
Desonerações do Plano Brasil Maior

	2011	2012	Total
Devolução dos créditos do PIS-Pasep/Cofins sobre bens de capital	0,3	7,6	7,9
Redução de IPI sobre bens de investimento	3,8	4,2	8,0
Reintegra – Exportadores até 2012	1,7	5,3	7,0
Desoneração da folha de pagamento – plano piloto até 2012	0,2	1,4	1,6
Total	6,0	18,5	24,5

Fonte: Ministério da Fazenda

Inovação e Capacidade de Competição. Para o Plano Brasil Maior o foco da nova política industrial está no "estímulo à inovação e à produção nacional para alavancar a competitividade da indústria nos mercados interno e externo". Daí, seu slogan: "inovar para competir, competir para crescer." O PBM conta com forte retaguarda para posicionar a inovação em tão elevado nível de importância. Para Schumpeter, o reconhecido economista que ampliou o conceito de inovação para além da inovação tecnológica para incluir a abertura de mercados, novas fontes de matérias-primas e novos canais de vendas e de financiamento, inovar é o que promove o desenvolvimento econômico.

Por isso, o Plano acerta nas medidas de reforço à inovação. Um exemplo: o já referido programa do BNDES voltado aos planos de inovação da empresa como um todo complementa uma atuação convencional de apoio às atividades que visam promover um determinado avanço tecnológico. O programa representa um grande avanço, pois é a empresa e seu conjunto de atividades inovadoras que passam a ser o objeto do financiamento, aproximando muito mais a política industrial brasileira da visão mais ampla de inovação. Isso abre a possibilidade do financiamento de atividades não tecnológicas, mas igualmente inovadoras do ponto de vista empresarial, como a internacionalização das empresas.

Mas, mesmo no caso de países líderes industriais as empresas e os setores não são permanentemente inovadores, o que significa dizer que, como um sistema, a indústria de um país depende de outros fatores na definição de sua capacidade de competir com o produto produzido no exterior. Para conquistar maior competitividade, as economias que mais se destacam têm, além de grande atividade inovadora, primorosa produtividade e não descuidam de uma "competitividade sistêmica" que, igualmente, deve ser de primeira linha.

Reside aí uma lacuna no PBM. Não há no plano uma única palavra sobre produtividade, muito embora o tema merecesse constar como um desafio ousado da política industrial e, para ele, deveriam ser endereçados programas, incentivos e metas específicos. Essas observações não tiram validade às iniciativas do PBM destinadas a incentivar a formação de técnicos e engenheiros e promover o investimento em nova capacidade produtiva, as quais contribuirão para elevar a produtividade industrial do país. Por outro lado, não cabe ao Plano Brasil Maior abordar as questões da competitividade sistêmica, como a tributação inadequada, a baixa qualidade da infraestrutura e o alto custo do capital de terceiros. Mas o efeito conjunto dessas distorções é devastador sobre a competitividade do produto nacional. O mesmo vale para o câmbio. A intensidade da valorização da moeda nos últimos anos sobrepujou largamente quaisquer ganhos empresariais obtidos com a inovação e com o aumento da produtividade industrial.

Para o Brasil competir mais e melhor, inovar é imprescindível e nesse sentido a nova política industrial está na direção correta. Mas sem maior produtividade e políticas que deem suporte ao setor produtivo nos campos cambial, tributário, da infraestrutura e do financiamento de longo prazo – o que requer mudanças e reformas importantes na economia – nem mesmo uma boa política industrial será suficiente para mudar de direção o processo que está levando a uma crescente perda da posição do produto brasileiro no exterior e também no mercado interno.

PRINCIPAIS CONCLUSÕES

O Plano Brasil Maior ajuda a indústria em um momento de dificuldades, já que nos últimos três anos o setor praticamente não evoluiu. Custos sistêmicos muito elevados, uma valorização pronunciada da moeda brasileira, além da baixa capacidade inovadora das empresas e uma produtividade que deixa a desejar, concorreram para o colapso da competitividade industrial. O contexto internacional herdado da grande crise de 2008 agravou esse quadro interno, pois as economias de base industrial passaram a disputar muito mais acirradamente os poucos mercados dinâmicos ainda existentes, o que determinou uma grande pressão competitiva ao produto brasileiro, seja em mercados externos e, crescentemente, também no mercado nacional.

As medidas do plano de uma forma geral são pertinentes e aportam contribuições pioneiras, como o "plano piloto" da desoneração da folha e a instituição de um "reintegro" sobre o valor das exportações a título de ressarcimento aos exportadores por tributos que não são recuperados quando da venda de produtos para o exterior. Além disso, o governo completou a remoção de tributos federais sobre o investimento. Em suma, foram reduzidos os custos tributários. Mas deve ser salientado que as positivas iniciativas do PBM têm dimensão parcial porque não contemplam os tributos que os estados ainda cobram sobre o investimento e as exportações. Também ficou de fora do PBM a retirada dos indevidos incentivos fiscais que certos estados dão às importações.

Deve ser ainda sublinhado que, mesmo com as novas medidas, o Brasil permanece ainda distante de ser um país facilitador e incentivador do investimento, da inovação e da exportação. O que o PBM fez nessa área é relevante, mas se insere mais no conceito de "remoção de desincentivos". Uma política industrial pode prever incentivos de fato (e não meramente remoção de desincentivos), desde que reservados para premiar as decisões mais nobres na economia que são as de empregar, investir, inovar e exportar. Têm lugar também na promoção das atividades industriais que conduzirão ao futuro, como áreas de sustentabilidade e de novas tecnologias, para as quais o incentivo fiscal pode ser fundamental.

Os programas de financiamento ao investimento e à inovação tiveram importante avanço com o PBM. No primeiro caso, o comentário geral é que as medidas não parecem elevar significativamente o volume de recursos do BNDES destinados ao financiamento da indústria e serviços. Nesse caso, a tônica foi outra: o estabelecimento de claro direcionamento do financiamento incentivado e a fixação do término do benefício em dezembro de 2012, como é recomendável. Assim, o Programa de Sustentação do Investimento (PSI), que tem taxas de juros incentivadas, além de priorizar bens de capital, inovação e exportação, passa a incluir os ramos de componentes e serviços técnicos especializados, equipamentos para a área de tecnologia de informação e telecomunicações, ônibus híbridos, serviços de engenharia e Linha Inovação Produção.

Já no apoio ao financiamento e investimento em inovação há expressivo aporte adicional de recursos, com os novos recursos repassados à Finep (R$2 bilhões). O BNDES também introduziu iniciativas relevantes nessa área, com destaque para o programa de financiamento de inovação empresarial que passa a apoiar os planos globais e de longo prazo de inovação das empresas.

Talvez o maior mérito do PBM seja o reconhecimento de que a indústria é um vetor fundamental do desenvolvimento brasileiro e que a política industrial deve ser concebida como um processo. Nesse sentido cabe apontar três lacunas graves do plano. Elas nos remetem a temas como a visão de futuro da indústria brasileira, a gestão do PBM e a questão da produtividade.

O PBM confere um horizonte muito curto, defensivo e limitado à política industrial brasileira. Em se tratando da indústria em um país como o Brasil, onde o peso desse setor na economia e sua diversificação são relevantes, os objetivos de longo prazo devem ser ousados, mas nesse particular, o PBM é pobre. Desafios compatíveis para o momento e para o porte do parque industrial brasileiro não faltam. Seria muito relevante a definição de uma seleção de setores, cadeias ou atividades dentro da preocupação de desenvolver as bases da transformação industrial que sustentará o dinamismo da indústria brasileira no longo prazo. São exemplos: economia do petróleo, manufatura de base agroalimentar, indústria de bens, serviços e equipamentos referenciados à sustentabilidade, à nanotecnologia, à habitação, à saúde, e outros que o debate venha a identificar. É claro que uma política industrial pode e deve contemplar diversos objetivos, como a preservação ou reforço da competitividade de setores, medidas para baratear e promover o investimento e as exportações, dentre outras, mas, sem o desafio da transformação da estrutura industrial, ela perde muito de seu significado e isso falta à nova política industrial.

A governança da política industrial avançou com o PBM com a volta do CNDI ao papel central de aconselhamento à política. Mas, cabe zelar para que o CNDI não se transforme em uma instância de debates de temas meramente setoriais e de alcance limitado e de curto prazo, devendo sua pauta principal se concentrar no debate do futuro da indústria e nas transformações industriais necessárias para promover o desenvolvimento do país. Além disso, não é estabelecida uma clara e indiscutível agência governamental responsável em última instância pelo plano. Dado o envolvimento de muitos setores de governo na política industrial, o plano pode ter resultados aquém do esperado devido à falta de coordenação e comando.

A questão da produtividade é grave. Para o PBM, o foco da nova política industrial está no estímulo à inovação para alavancar a competitividade da indústria, o que é acertado, mas deve ser levado em consideração que mesmo no caso de países líderes industriais as empresas e os setores não são permanentemente inovadores, o que significa dizer que a indústria de um país depende de outros fatores na definição de sua capacidade de competir com o produto produzido no exterior. Além de grande atividade inovadora, para conquistar maior competitividade, as economias que mais se destacam ostentam primorosa produtividade e uma "competitividade sistêmica" (câmbio, infraestrutura, tributação, custo de capital) de primeira linha. Reside aí uma lacuna no PBM. Não há no Plano uma única palavra sobre produtividade, um tema para o qual deveriam ser endereçados programas, incentivos e metas específicos, tal a sua relevância.

Para o Brasil competir mais e melhor, inovar é imprescindível, mas sem maior produtividade e políticas e reformas que deem suporte ao setor produtivo não será suficiente para mudar de direção o processo que está levando a uma crescente perda da posição do produto industrial brasileiro no exterior e também no mercado interno.

Financiamento dos investimentos no Brasil e o papel do mercado de capitais

*Carlos A. Rocca**
*Lauro Modesto dos Santos Jr.***

* Diretor do Centro de Estudos de Mercado de Capitais (CEMEC) do Ibmec.
** Consultor Sênior do Centro de Estudos de Mercado de Capitais (CEMEC) do Ibmec.

INTRODUÇÃO

Este trabalho tem por objetivo formular algumas hipóteses sobre o papel que o mercado de capitais pode desempenhar no suprimento de recursos para o financiamento dos investimentos necessários à sustentação de uma taxa de crescimento da ordem de 4,5% ao ano. Trata-se de um resumo das considerações do autor numa apresentação feita no 9º Seminário CEMEC de Mercado de Capitais,[1] realizada no auditório da Fipecafi, em São Paulo, no dia 31 de maio de 2011.

Na primeira parte, busca-se determinar a natureza e a dimensão do problema de financiar os investimentos requeridos para manter uma taxa de crescimento de 4,5 ao ano ao longo dos próximos anos. A partir da estimativa de que a taxa de investimentos necessária deve se elevar a 21% do PIB e dada a dificuldade de se elevar, em curto prazo, a poupança interna do nível atual de 16,5% do PIB, conclui-se que a complementação da poupança externa é indispensável. Desse modo, para viabilizar a realização de taxa de investimento de 21% do PIB, será necessário mobilizar a poupança interna e financiar o déficit em contas-correntes.

Na segunda parte, a partir de estimativas do padrão de financiamento dos investimentos privados no período de 2005 a 2010 e da formulação de algumas hipóteses, é feita uma simulação da participação das várias fontes de recursos nos próximos anos, dados cenários de crescimento de 4,5% e 5,0% ao ano. Nessa simulação, verifica-se que, no cenário de crescimento de 4,5% a.a., a participação do mercado de capitais deveria dobrar em relação ao padrão observado entre 2005 e 2010.

Mostra-se que o aumento de participação das fontes de financiamento do mercado de capitais, na forma de ações e títulos de dívida, substitui com vantagens o aumento da dívida externa do setor privado, desde que sejam criadas as condições favoráveis à entrada de investidores estrangeiros nesse mercado, especialmente no mercado de renda fixa privada.[2]

---

[1] Disponível no site do Cemec: www.cemec.ibmec.org.br

[2] Até dezembro de 2010, os investidores estrangeiros pagavam imposto de renda sobre rendimentos de aplicações em títulos de dívida privada e tinham isenção no caso de títulos de dívida pública. A MP517, de 30/12/2010, deu início a um processo de equiparação de tratamento tributário dos títulos privados, dentro de certas condições e especialmente para recursos destinados ao financiamento de investimentos em infraestrutura.

Mostra-se que o desenvolvimento desse mercado com a entrada dos investidores estrangeiros tem condições de aumentar significativamente a oferta de recursos de longo prazo em moeda doméstica para as empresas nacionais, uma solução superior ao aumento da dívida externa das empresas pelo menos por duas razões. Por um lado, o risco cambial é transferido para os investidores estrangeiros, evitando-se crises como as já observadas em passado recente, quando a súbita elevação das taxas de câmbio ameaça a solvência e liquidez das empresas em dívidas em moeda estrangeira. Em segundo lugar, ao contrário do acesso ao mercado internacional, que é restrito apenas às maiores empresas, a ativação do mercado doméstico de capitais oferece recursos de longo prazo para empresas de menor tamanho, inclusive para empresas de capital fechado.[3]

VISÃO MACROECONÔMICA: INVESTIMENTO E POUPANÇA NA ECONOMIA BRASILEIRA

O primeiro passo para examinar o problema de financiamento dos investimentos é obter alguma estimativa da taxa de investimentos que seria necessária para sustentar o crescimento desejado. Tomando-se as projeções e expectativas mais frequentes do setor privado e de fontes oficiais, trata-se de dimensionar a taxa de investimento necessária para a manutenção de taxas de crescimento da ordem de 4,5% a 5% anuais nos próximos anos. Embora a estimativa das taxas de investimento necessárias envolva o conceito de produto potencial, cuja mensuração é muito difícil e objeto de grandes controvérsias, parece evidente que o nível observado nos últimos cinco anos, da ordem de 17% do PIB (18,4% em 2010) é insuficiente para manter o crescimento nesse intervalo. O esgotamento da capacidade de oferta de serviços de infraestrutura de transporte – portos, aeroportos, ferrovias e rodovias – e as preocupações com a oferta de energia, quando o crescimento médio dos últimos anos ultrapassou a média de 4% a.a., demonstram a necessidade de elevação da taxa de investimentos em capital fixo, sem contar ainda o esforço adicional indispensável nos investimentos em capital humano.[4]

---

[3] A Instrução CVM 376 de 27/03/2001 regulamentou a emissão de debêntures de empresas de capital fechado; outros instrumentos e veículos do mercado de capitais podem ser usados pelas empresas de capital de menor tamanho (por exemplo, FIDCs, FIPs, FIs, CRIs).

[4] Nos últimos meses, fazem parte do noticiário diário as dificuldades e atrasos de execução em obras de infraestrutura e na indústria de construção residencial por escassez de mão de obra qualificada.

Considerando apenas a necessidade de investimento em capital fixo, adotam-se aqui estimativas realizadas por Pastore, Pinotti e Pagano (2010).[5] O Gráfico 1 a seguir resume os resultados.

GRÁFICO 1
Taxas de investimento e taxas de crescimento do PIB

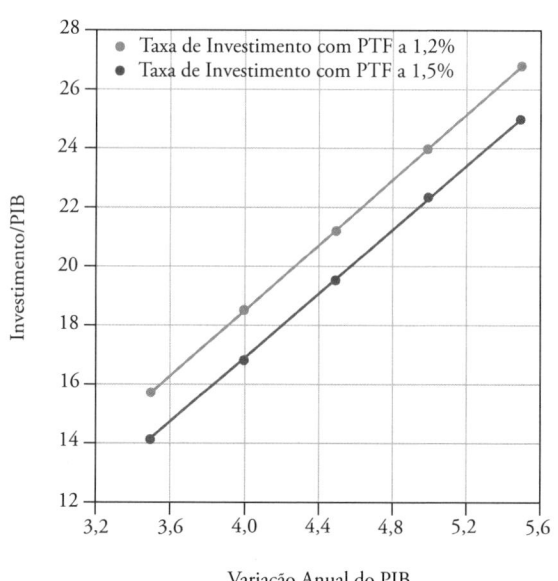

- Taxa de Investimento com PTF a 1,2%
- Taxa de Investimento com PTF a 1,5%

Eixo Y: Investimento/PIB
Eixo X: Variação Anual do PIB

Na hipótese, em que a produtividade total dos fatores (PTF) cresce a 1,2% a.a., a manutenção de crescimento de 4,5% a.a. requer taxa de investimento da ordem de 21%, e para um crescimento de 5,5% a.a., a taxa de investimento deve aumentar para 25% do PIB. Neste trabalho, adota-se a hipótese de crescimento da PTF a 1,2% a.a., admitindo-se que sua aceleração para 1,5% a.a, registrada no citado trabalho de Pastore e outros, se deva à redução da proporção de investimento em infraestrutura nos últimos anos,[6] movimento esse que deve reverter no futuro próximo. Admite-se que a proporção da formação bruta de capital dos investimentos em construção (especialmente infraestrutura e

---

[5] Pastore A. C.; Pinotti, M. C.; Pagano, T. A. "Limites ao Crescimento Econômico", XXII Fórum Nacional – Estudos e Pesquisas 345, maio de 2010.
[6] Puga, Fernando P_4 e outros (2010). Borça Junior, Gilberto R., Nascimento, Marcelo M. (2009). "Aumento de produtividade do investimento brasileiro viabiliza maior crescimento do PIB" – em Torres Filho, Ernani, T., Puga, Fernando P., Meirelles Beatriz B. – Visão do Desenvolvimento, 2009 – BNDES, 2010, p. 123 – 129.

habitação) retorna nos próximos anos a um valor mais próximo de seu nível histórico.

Adotando-se então a taxa de investimento de 21% para obter um crescimento de 4,5% a.a., haveria necessidade de aumentar em cerca de três pontos porcentuais a taxa de investimento média observada nos últimos três anos, da ordem de 18%, como indicado no Gráfico 2.

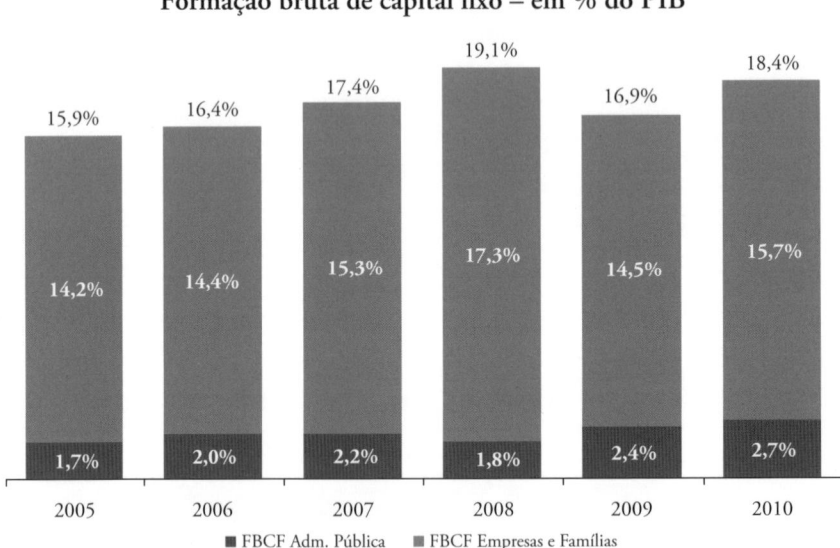

GRÁFICO 2
Formação bruta de capital fixo – em % do PIB

Ano	FBCF Adm. Pública	FBCF Empresas e Famílias	Total
2005	1,7%	14,2%	15,9%
2006	2,0%	14,4%	16,4%
2007	2,2%	15,3%	17,4%
2008	1,8%	17,3%	19,1%
2009	2,4%	14,5%	16,9%
2010	2,7%	15,7%	18,4%

Tudo indica ser indispensável contar com a complementação da poupança externa para financiar taxa de investimento de 21% do PIB.

a) Taxa de poupança interna (16,5% do PIB em 2010) tem sido insuficiente até para financiar taxa de investimento dos últimos anos, da ordem de 17%/18% nos (19,2% do PIB em 2010), conduzindo a déficit em contas correntes (2,7% em 2010).
b) É difícil elevar poupança interna em curto prazo.

Mesmo com taxas de investimento inferiores ao requerido para crescer 4,5% a.a., verifica-se que sua modesta elevação nos últimos anos já implicou a geração de um déficit em contas – na fixa de 2% a 3% do PIB, dada a insuficiência da poupança interna.

No Gráfico 3, é apresentada a evolução da taxa de investimento (inclusive variação de estoques), taxa interna de poupança e déficit em contas-correntes, todos apresentados como um percentual do PIB.

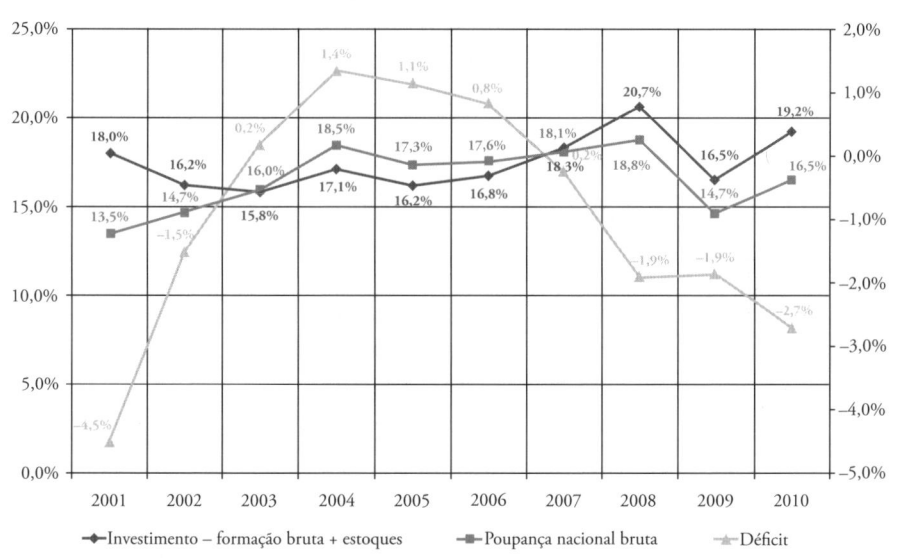

GRÁFICO 3
Investimento e poupança nacional bruta – em % do PIB

[Gráfico com dados de 2001 a 2010:]
- Investimento – formação bruta + estoques: 18,0% (2001); 16,2% (2002); 16,0% (2003); 18,5% (2004); 17,3% (2005); 17,6% (2006); 18,1% (2007); 20,7% (2008); 16,5% (2009); 19,2% (2010)
- Poupança nacional bruta: 13,5% (2001); 14,7% (2002); 15,8% (2003); 17,1% (2004); 16,2% (2005); 16,8% (2006); 18,3% (2007); 18,8% (2008); 14,7% (2009); 16,5% (2010)
- Déficit: -4,5% (2001); -1,5% (2002); 0,2% (2003); 1,4% (2004); 1,1% (2005); 0,8% (2006); 0,2% (2007); -1,9% (2008); -1,9% (2009); -2,7% (2010)

Os números mostram que a poupança interna é insuficiente mesmo nos níveis de investimento observados nos últimos anos, entre dois e três pontos porcentuais abaixo do necessário para crescer 4,5% a.a. Bastou a elevação da taxa média de investimento de 16,5%, observada no período 2003/2006, para 18,7% em média nos últimos quatro anos para que seu financiamento demandasse a complementação de poupança externa. Fosse mantida a taxa de poupança nos níveis atuais (entre 16,5% e 17%), a realização da taxa de investimentos de 21%, levaria à observação de um déficit em contas-correntes da ordem 4% a 4,5% do PIB. Embora não seja objeto deste trabalho aprofundar esse ponto, esses níveis de déficit em contas-correntes provavelmente exporiam a economia brasileira a um risco elevado de crise cambial tão logo ocorresse alguma reversão no atual panorama de elevada liquidez internacional e/ou no ciclo recente de ganhos da relação de trocas.

Existem razões para acreditar que não será fácil elevar significativamente a taxa de poupança no curto prazo, fazendo com que a sustentação de um crescimento da ordem de 4.5% a.a. demandará certamente a complementação de poupança externa. Na Tabela 1, são apresentadas as taxas médias de poupança dos setores público e privado nas últimas três décadas e no ano de 2010. Dada a forte elevação da carga tributária nesse período, adotou-se o critério de calcular a taxa de poupança do setor público sobre o valor da carga tributária, enquanto a taxa de poupança do setor privado foi apurada em relação ao valor do PIB líquido da carta tributária.

TABELA 1
Carga tributária e poupança 1980-2010 (%)

Período	Carga tributária bruta: % do PIB	Poupança do setor público: % da carga Tributária	Poupança do setor privado: % (PIB menos carga tributária)
1980-1989	24,9%	1,8%	27,3%
1990-1999	26,8%	-8,1%	26,1%
2000-2009	33,1%	-7,3%	27,8%
Variação	+ 8,2 pontos de %	-9,1 pontos de %	+0,5 pontos de %
2010	35,2%	0,35%	25,3%

Fontes: IBGE, BC e Ipea e "Carga Tributária Líquida e Efetiva Capacidade do Gasto Público no Brasil", Ipea, Comunicado da Presidência nº 23, julho 2009; Carga Tributária Bruta: de 1970 a 1989: Contas Nacionais IBGE; de 1990 a 2007: Ipeadata; 2008 e 2009: Ipea conforme comunicado citado; Poupança do Setor Público (em % da carga tributária): Poupança do Setor Público, conforme a Tabela 2, como percentagem da carga tributária bruta; Poupança do Setor Privado (em % PIB menos a Carga Tributária): Poupança do Setor Privado da Tabela 2 como percentagem do PIB menos a carga tributária bruta.

Os dados mostram que a poupança do setor público manteve-se em níveis negativos na década 2000/2009, com perda de 9,1 p.p. em relação à média observada na década de 1980. O número de 2010 indica, pela primeira vez, um pequeno resultado positivo, fortemente influenciado pelo grande crescimento de receita pública associado a um crescimento do PIB superior a 7%. Mantendo-se um crescimento da ordem de 4,5% a.a. a reconhecida rigidez do orçamento público, associada também à tendência de crescimento das despesas previdenciárias,[7] faz com que, numa projeção realista, somente a médio e

---

[7] A Constituição de 1988 reduziu a flexibilidade da despesa pública e aumentou as transferências. Por exemplo, ao lado de outras despesas correntes, as despesas previdenciárias dos servidores públicos e dos trabalhadores do setor privado têm crescido acima do PIB em função do envelhecimento da população e da política de crescimento real do salário mínimo; o impacto de um novo regime previdenciário, cuja adoção não está no horizonte, se dará somente a médio e longo prazo. Ver, por exemplo, Giambiagi, F. e Tafner, P. *Demografia: a Ameaça Invisível*. Rio de Janeiro: Editora Campus-Elsevier, 2010.

longo prazo será possível aumentar de modo significativo a poupança do setor público. A taxa média de poupança do setor privado mostra uma surpreendente estabilidade nas últimas três décadas, em torno de 27% do PIB líquido da carga tributária. Embora se trate de questão que exige análise mais detalhada, não parece realista esperar elevação significativa da taxa de poupança do setor privado no curto prazo, levando em conta esse padrão de estabilidade na média dos últimos trinta anos, perante condições econômicas as mais díspares.

Nessas condições, ainda que se obtenha algum ganho na taxa de poupança interna no curto prazo, parece muito improvável que seja suficiente para financiar a taxa de investimento próxima de 21% necessária para crescer 4,5% a.a. Com isso, tudo indica que o financiamento dos investimentos necessários para esse cenário de crescimento envolve o equacionamento de duas questões ao mesmo tempo:

a) Mobilizar poupança interna e aumentar oferta de recursos de longo prazo.
b) Financiar déficit em contas-correntes.

PADRÃO DE FINANCIAMENTO DOS INVESTIMENTOS PRIVADOS: EMPRESAS E FAMÍLIAS NO PERÍODO DE 2005 A 2010

Com o objetivo de formular algumas hipóteses sobre a participação de fontes internas e externas de financiamento do investimento privado num cenário de crescimento de 4,5% a 5% ao ano, buscou-se inicialmente gerar estimativas do padrão de financiamento observado no período de 2005 a 2010. Para tanto, adotou-se a metodologia de identificar os fluxos anuais das principais fontes de financiamento de médio e longo prazo disponíveis na economia brasileira nesse período e cuja destinação supõe-se ser prioritariamente destinada ao financiamento de investimentos, na forma de formação bruta de capital fixo:

a) Investimento estrangeiro direto.
b) Desembolsos BNDES em financiamentos a empreendimentos e máquinas e equipamentos.
c) Desembolsos FGTS em financiamentos à produção habitacional e saneamento.
d) Desembolsos SBPE em financiamentos à produção habitacional.

e) Emissões externas (bonds e notes) de empresas não financeiras pela taxa de câmbio média.
f) Mercado de capitais: emissão de ações e títulos de dívida privada.

Foi utilizada a base de dados do Cemec para apurar os fluxos anuais de cada uma dessas fontes, seja na forma de emissões primárias, no caso de ações e títulos de dívida, seja na forma de desembolsos, no caso de operações de crédito. Em vez de utilizar os fluxos de recursos gerados por novas operações, nas operações de dívida, haveria a alternativa de se tomar a variação de saldos, ou seja, o resultado líquido entre novas emissões ou desembolsos e resgates ou vencimentos de emissões anteriores. Entretanto, optou-se por adotar os fluxos de desembolsos ou novas emissões por acreditar serem mais representativos de novas operações realizadas para financiar novos projetos de investimento das empresas ou a construção de novas residências pelas famílias.[8]

GRÁFICO 4
Padrão de Financiamento dos Investimentos de Empresas e Famílias 2005-2010 – em % do Total

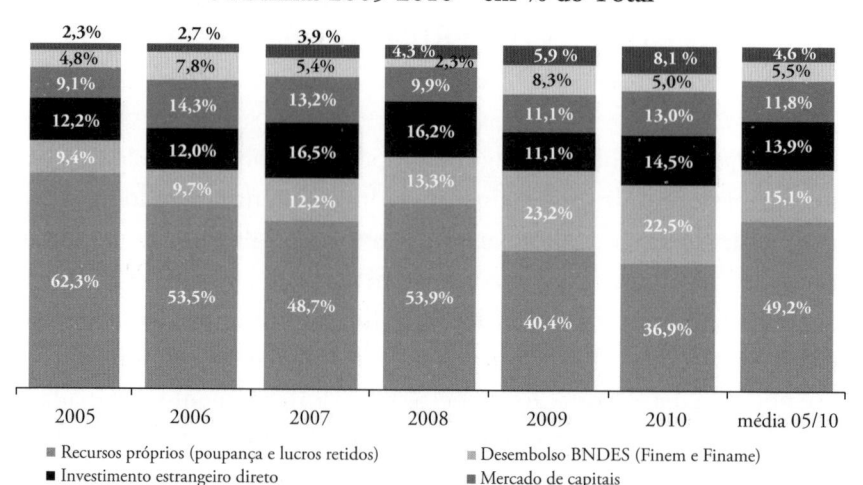

	2005	2006	2007	2008	2009	2010	média 05/10
	2,3%	2,7%	3,9%	4,3%	5,9%	8,1%	4,6%
	4,8%	7,8%	5,4%	2,3%	8,3%	5,0%	5,5%
	9,1%	14,3%	13,2%	9,9%	11,1%	13,0%	11,8%
	12,2%	12,0%	16,5%	16,2%	11,1%	14,5%	13,9%
	9,4%	9,7%	12,2%	13,3%	23,2%	22,5%	15,1%
	62,3%	53,5%	48,7%	53,9%	40,4%	36,9%	49,2%

■ Recursos próprios (poupança e lucros retidos)   ■ Desembolso BNDES (Finem e Finame)
■ Investimento estrangeiro direto   ■ Mercado de capitais
■ Captações mercado internacional   ■ Habitacional (apoio à produção FGTS+SBPE)

---

[8] É interessante lembrar que a estabilidade do saldo médio de empréstimos ou do estoque de títulos de divida não significa a ausência de novas operações, mas apenas que o valor destas é semelhante aos resgates ou amortização de operações feitas anteriormente. Idêntico critério é utilizado, por exemplo, pelo BNDES, para estimar o padrão de financiamento de investimentos na indústria e na infraestrutura.

Nos anexos, são apresentados os gráficos que descrevem o comportamento de cada fonte de recursos no período de 2005 a 2010, enquanto, na Tabela 2, são apresentadas estimativas feitas para cada ano do período de 2005 a 2010, bem como o padrão médio estimado. A parcela referente a recursos próprios foi estimada pela diferença entre as fontes identificadas e os dados de contas nacionais referentes ao investimento privado, que correspondem à estimativa de poupança das famílias e dos lucros retidos das empresas. Note-se que para evitar distorções, em 2010, não foi considerada a emissão de ações da Petrobras.

Evidentemente, trata-se de estimativas preliminares e sujeitas a várias limitações. Por um lado, nada impede que recursos de longo prazo sejam utilizados para cobertura de despesas correntes. Por outro, pode ocorrer de muitas empresas utilizarem recursos de curto prazo, objeto de renovações recorrentes ou mesmo o saldo favorável das contas de fornecedores e estoques para financiar parte dos investimentos. Apesar dessas limitações, é interessante registrar a proximidade dessas estimativas com aquelas calculadas pelo BNDES para o padrão de financiamento de investimentos industriais e de infraestrutura, apresentadas no Gráfico 5.

Muito embora os dados do BNDES se refiram exclusivamente ao financiamento de investimentos de empresas industriais e em projetos de infraestrutura,

GRÁFICO 5
Padrão de financiamento dos investimentos em indústria e infraestrutura
2004-2009 – Elaboração BNDES

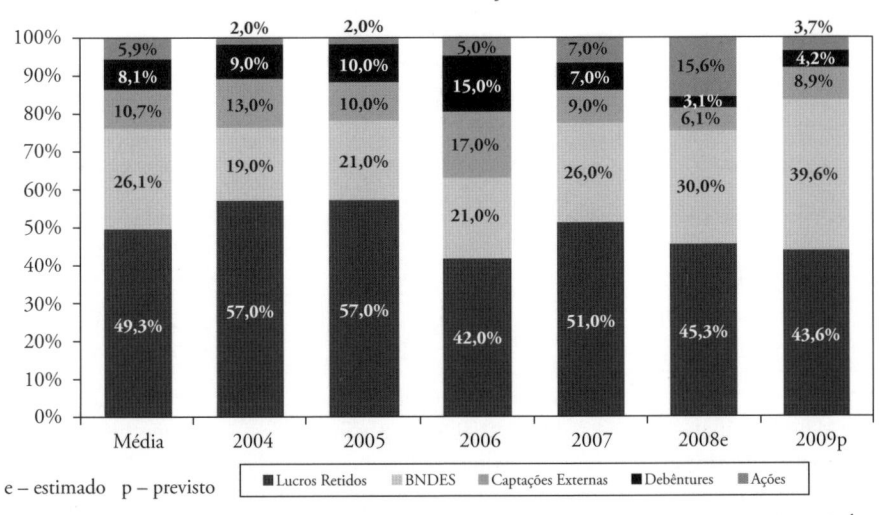

	Média	2004	2005	2006	2007	2008e	2009p
Ações	5,9%	2,0%	2,0%	5,0%	7,0%	15,6%	3,7%
Debêntures	8,1%	9,0%	10,0%	15,0%	7,0%	3,1%	4,2%
Captações Externas	10,7%	13,0%	10,0%	9,0%		6,1%	8,9%
BNDES	26,1%	19,0%	21,0%	17,0%	26,0%	30,0%	39,6%
				21,0%			
Lucros Retidos	49,3%	57,0%	57,0%	42,0%	51,0%	45,3%	43,6%

e – estimado p – previsto

Fonte: Ernani Torres Teixeira Filho – 3º Seminário de Finanças Corporativas – Anbima. Superintendente da Área de Pesquisa e Acompanhamento Econômico do BNDES.

a semelhança de valores encontrados é notável. Registre-se, por exemplo, que a proporção de recursos próprios é praticamente a mesma nas duas estimativas enquanto as diferenças observadas na participação das demais fontes de financiamento apontam na direção que seria de se esperar, levando em conta as diferenças dos setores considerados nos dois casos.

SIMULAÇÃO: FINANCIAMENTO DE INVESTIMENTOS E A COBERTURA DO DÉFICIT EM CONTAS-CORRENTES

Com base num conjunto de hipóteses sobre o padrão de financiamento dos investimentos em cenários de crescimento de 4,5% a.a. e 5% a.a., correlacionados com taxas de investimento de 21% e 25% respectivamente, busca-se verificar, nesta parte, de que modo o mercado de capitais pode contribuir para o financiamento dos investimentos e do déficit em contas-correntes.

A Tabela 2 resume o conjunto de hipóteses adotadas para a realização da simulação, tomando-se o padrão de financiamento dos investimentos privados do período de 2005 a 2010 como referência.

TABELA 2
Padrão de financiamento dos investimentos

	Hipótese de simulação	
Variáveis	Cenário I	Cenário II
PIB	4,5%	5%
Investimento em FBCF necessário	21%	25%
IED	média expectativa FOCUS 2011/2015	média expectativa FOCUS 2011/2015
Recursos próprios	média histórica 2005/2010	média histórica 2005/2010
Desembolsos BNDES (Finame e Finem)	média histórica 2005/2010	pouco acima da média histórica
Habitacional – apoio à produção	o dobro da média histórica 2005/2010, pouco acima do máximo	50% acima do máximo histórico 2005/2010
Captação externa	máximo histórico 2005/2010	máximo histórico 2005/2010

As principais observações e hipóteses são as seguintes:

a) As hipóteses se referem à participação das fontes de financiamento dos investimentos privados; admite-se que o investimento público se mantenha em 2,7% do PIB, nível mais elevado estimado para o período de 2005 a 2010, cujo financiamento se dará principalmente por dívida pública, caso a poupança do setor público se mantenha nos níveis dos últimos anos.

b) A escolha dessas hipóteses tenha alto grau de arbitrariedade; entretanto, procurou-se tomar por base o padrão de 2005 e 2010, ajustado de acordo com algumas tendências e projeções recentes:

   i) **IED**: em ambos os cenários, admite-se que a entrada de investimento estrangeiro direto se mantenha nos níveis esperados pelo mercado, obtidos na pesquisa Focus do Banco Central.

   ii) **Recursos próprios**: adotou-se o padrão 2005-2010 no cenário de 4,5% a.a. e o máximo observado nesse período no cenário de 5% a.a.

   iii) **BNDES**: no cenário de 4,5% a.a., a hipótese referente ao desembolso do BNDES implica redução do valor financiado a partir de 2012, em linha com o que já está ocorrendo em 2011 e de acordo com o novo posicionamento oficial, pelo qual não se pretende manter transferências de recursos do Tesouro na magnitude observada em 2009 e 2010; no cenário de 5% a.a., essa restrição é abandonada, retornando-se ao nível máximo de participação do BNDES, equivalente a 23,2% do investimento privado.

   iv) **Habitacional**: no cenário de 4,5% a.a., adotou-se a hipótese de que a parcela relacionada com o financiamento habitacional dobrasse, ficando pouco acima do máximo histórico, admitindo a manutenção de forte crescimento desse setor nos próximos anos; no cenário de 5%, essa participação é ainda mais elevada, para um nível 50% maior que o máximo histórico.

   v) **Captação externa (dívida)**: nos dois cenários, a participação das operações de captação de dívida externa pelo setor privado é colocada no seu máximo histórico, de 8,3% do investimento privado em 2009, consideravelmente superior à média de 5,5%, refletindo ainda um quadro de grande liquidez no mercado internacional.

Na Tabela 3, são apresentados os resultados da simulação feita utilizando-se as hipóteses da Tabela 2:

TABELA 3
Resultados da simulação
% do PIB

Em % do PIB	Média 05/10	2010	Projeção Cenário I	Projeção Cenário II
PIB (IBGE)			4,5%	5%
Investimento em FBCF (IBGE) (1)	17,4%	18,4%	21%	25%
(–) Investimento administração pública (2)	–2,1%	–2,7%	–2,7%	–2,7%
Investimento empresas e famílias (IBGE) (3) = (1) – (2)	15,2%	15,7%	18,3%	22,3%
Investimento estrangeiro direto	–2,1%	–2,3%	–2,1%	–2,1%
Desembolso BNDES (Finame e Finame) (4)	–2,3%	–3,5%	–2,3%	–2,4%
Habitacional (FGTS + SBPE) (5)	–0,7%	–1,3%	–1,4%	–1,9%
Recursos próprios (poupança e lucros retidos) (6)	–7,5%	–5,8%	–7,5%	–9,3%
Necessidade de final adicional (7) = (3) – (4 a 6)	2,6%	2,8%	5%	6,5%
Finan. mercado internacional (8)	–0,8%	–0,8%	–1,2%	–1,2%
Mercado de capitais (9)	1,8%	20,%	3,8%	5,3%

Na Tabela 3, adotou-se o critério de computar todas as fontes de financiamento, exceto financiamentos do mercado internacional e mercado de capitais, caracterizando essas duas fontes como "necessidade de financiamento adicional". O objetivo é chamar a atenção para o fato de que, na insuficiência de oferta de fontes domésticas de financiamento de longo prazo, a maior probabilidade é de que as maiores empresas do setor privado buscarão complementar sua necessidade de recursos no mercado internacional, recorrendo, por exemplo, a novas emissões de bônus nesse mercado.

Admitindo-se as hipóteses feitas, a simulação baseada num cenário de crescimento de 4,5% a.a. e taxa de investimentos de 21% do PIB mostra que empréstimos externos e mercado de capitais deveriam contribuir com cerca de 5% do PIB para o financiamento dos investimentos. Desse modo, pode-se caracterizar pelo menos duas situações. Na primeira, o mercado de capitais mantém sua participação no padrão 2005/2010 (1,8%), o que exigiria quase triplicar a participação de novas operações de dívida externa privada para 3,2%, contra 1,2% do PIB nos últimos cinco anos. Na segunda, a participação de novas operações de dívida externa do setor privado é mantida no máximo do período 2005/2010 (1,2% do PIB) e a contribuição do mercado de capitais precisa dobrar (de 1,8% para 3,8%).

No cenário de crescimento de 5% a.a, os números da simulação implicariam a necessidade de financiar o equivalente a 6,5% do PIB do investimento privado via mercado de capitais ou novas operações de dívida externa. Nesse caso, a manutenção da participação histórica do mercado de capitais em 1,8% do PIB exigiria elevar a participação de novos financiamentos externos para 4,7% do PIB, quadruplicando o percentual máximo observado no período de 2005 a 2010, que foi de 1,2% do PIB. Alternativamente, mantendo-se a participação de novas operações de dívida externa do setor privado no nível máximo de 2005/2010 (1,2% do PIB), a participação de fontes do mercado de capitais deveria triplicar (de 1,8% para 5,3% do PIB).

Na Tabela 4, esses mesmos resultados são apresentados em bilhões de reais de dezembro de 2010.

TABELA 4
Resultados da simulação – bilhões de reais de 12/2010

Em bilhões de reais	Realizado 2010	Simulação (cenário I)			
		2012	2013	2014	2015
PIB (IBGE)	3.675,0	4.013,2	4.193,7	4.382,5	4.579,7
% Cresc. do PIB	7%	4,5%	4,5%	4,5%	4,5%
Investimento total (IBGE)	677,9	842,8	880,7	920,3	961,7
(–) Investimento Administração Pública	–99,2	–108,4	–113,2	–118,3	–123,7
Investimento empresas e famílias (IBGE)	578,6	734,4	767,5	80,2	838,1
Investimento estrangeiro direto	–83,9	–84,3	–88,1	–92,0	–96,2
Desembolso BNDES (Finame)	–130,2	–92,4	–96,5	–100,9	–105,4
Habitacional (FGTS+SBPE)	–46,9	–55,9	–58,4	–61,0	–63,8
Recursos próprios (poupança e lucros retidos)	–213,4	–301,4	–314,5	–328,7	–343,5
Necessidade de financiamento adicional	104,3	200,9	209,9	219,4	229,3
Financ. mercado intenacional	–29,1	–48,7	–50,8	–53,1	–55,5
Mercado de capitais	75,2	152,2	159,1	166,3	173,7

Nas Tabelas 3 e 4 e nos dois cenários de crescimento, adotou-se a hipótese de que as operações de dívida no mercado internacional se mantenham no nível máximo do período de 2005/2010, em relação ao PIB, atribuindo-se aos recursos a serem obtidos no mercado de capitais a complementação necessária para o financiamento dos investimentos privados.

CRESCIMENTO DO MERCADO DE CAPITAIS É SOLUÇÃO SUPERIOR AO AUMENTO DA DÍVIDA EXTERNA DO SETOR PRIVADO

Não é difícil mostrar que o aumento de participação do mercado de capitais oferece uma solução superior para o financiamento dos investimentos e do déficit em contas-correntes em relação ao aumento do endividamento do setor privado no mercado internacional:

a) Transfere risco cambial para investidores estrangeiros.
b) Participação de estrangeiros alonga prazos, como ocorreu com títulos públicos.
c) Empresas menores e até empresas fechadas podem acessar mercado doméstico de dívida privada enquanto somente as maiores empresas têm acesso à captação de recursos no mercado externo.

Essa proposição é reforçada por algumas constatações extraídas dos dados que refletem o modo pelo qual as empresas brasileiras têm se financiado e, especialmente, como têm financiado seus investimentos:

A evolução da composição do exigível financeiro de todas as empresas nacionais[9] no período de 2000/2010 demonstra a adoção de uma política consistente de redução da exposição a risco cambial por parte das empresas nacionais. No Gráfico 6, verifica-se que, no período de 2000 a 2010, tem ocorrido um contínuo processo de substituição de fontes externas por fontes internas de financiamento.

---

[9] Estimativas do modelo de contas financeiras do Cemec do exigível consolidado de todas as empresas nacionais (capital aberto e capital fechado) levando em consideração os saldos de todas as fontes de recursos de divida: crédito bancário doméstico e internacional e colocação de instrumentos de dívida no mercado de capitais brasileiro e no exterior (bonds e notes).

GRÁFICO 6
Exigível financeiro de pessoas jurídicas não financeiras – %PIB

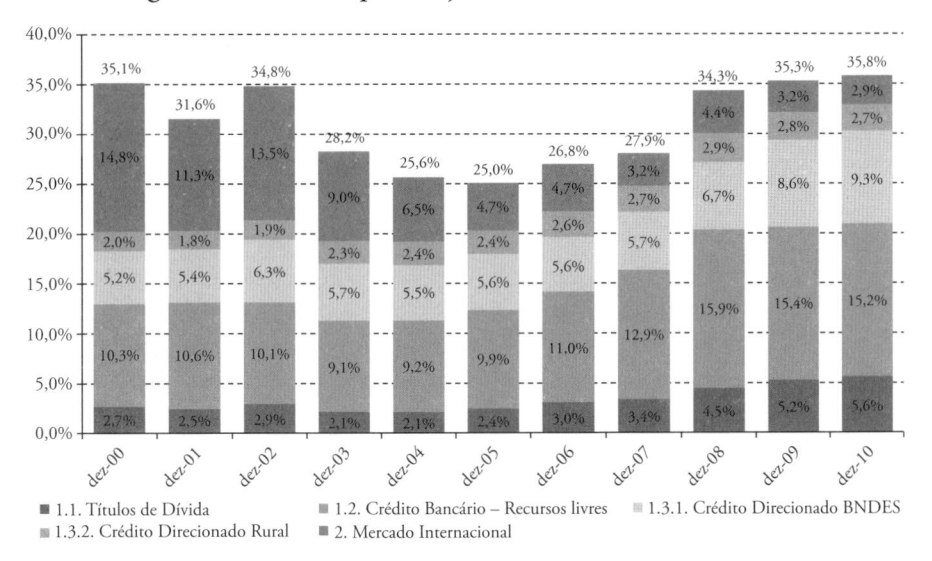

	dez-00	dez-01	dez-02	dez-03	dez-04	dez-05	dez-06	dez-07	dez-08	dez-09	dez-10
Total	35,1%	31,6%	34,8%	28,2%	25,6%	25,0%	26,8%	27,9%	34,3%	35,3%	35,8%
2. Mercado Internacional	14,8%	11,3%	13,5%	9,0%	6,5%	4,7%	4,7%	3,2%	4,4%	3,2%	2,9%
								2,7%	2,9%	2,8%	2,7%
1.3.2. Crédito Direcionado Rural	2,0%	1,8%	1,9%	2,3%	2,4%	2,6%		6,7%	8,6%	9,3%	
1.3.1. Crédito Direcionado BNDES	5,2%	5,4%	6,3%	5,7%	5,5%	5,6%	5,6%	5,7%	15,9%	15,4%	15,2%
1.2. Crédito Bancário – Recursos livres	10,3%	10,6%	10,1%	9,1%	9,2%	9,9%	11,0%	12,9%			
1.1. Títulos de Dívida	2,7%	2,5%	2,9%	2,1%	2,1%	2,4%	3,0%	3,4%	4,5%	5,2%	5,6%

■ 1.1. Títulos de Dívida   ■ 1.2. Crédito Bancário – Recursos livres   ■ 1.3.1. Crédito Direcionado BNDES
■ 1.3.2. Crédito Direcionado Rural   ■ 2. Mercado Internacional

No Gráfico 7, em que é apresentada a evolução da composição percentual do exigível financeiro das empresas brasileiras, verifica-se que a redução da exposição ao risco cambial não ocorreu somente pela substituição de fontes externas por fontes internas de financiamento. Constata-se movimento semelhante de redução do saldo de dívida em moeda estrangeira também nas operações de repasse feitas no mercado doméstico, mas também indexadas à moeda estrangeira. A participação dos recursos indexados à moeda estrangeira se reduziu de 53%, em 12/2000, para apenas 11,8%, em 12/2010, como resultado da queda de participação das operações feitas no mercado internacional (de 42,2% para 8,1%) e das operações feitas no mercado doméstico indexadas à moeda estrangeira (de 10,8% para 3,7%). É interessante registrar que essa tendência foi mantida mesmo a partir de 2005/2006, período em que a redução do risco país e condições de liquidez do mercado internacional teriam permitido acesso a recursos externos em condições favoráveis.

Por sua vez, a análise do modo pelo qual as companhias abertas têm financiado seus investimentos no período de 2000 a 2010[10] sugere que o acesso a mer-

---

[10] Pesquisa do Cemec, ainda não concluída, fez a consolidação do balanço de todas as empresas de capital aberto no período de 2000 a 2010 com base nos dados da Economática; estima-se que, no período 2005/2010, o investimento no imobilizado dessas empresas represente cerca de 30% da formação bruta de capital fixo das empresas não financeiras. Ver TDI Cemec 04 – Financiamento do Investimento das Companhias Abertas Brasileiras – www.cemec.ibmec.org.br

GRÁFICO 7
Composição do exigível financeiro de pessoas jurídicas não financeiras
em moeda nacional e estrangeira 2000-2010

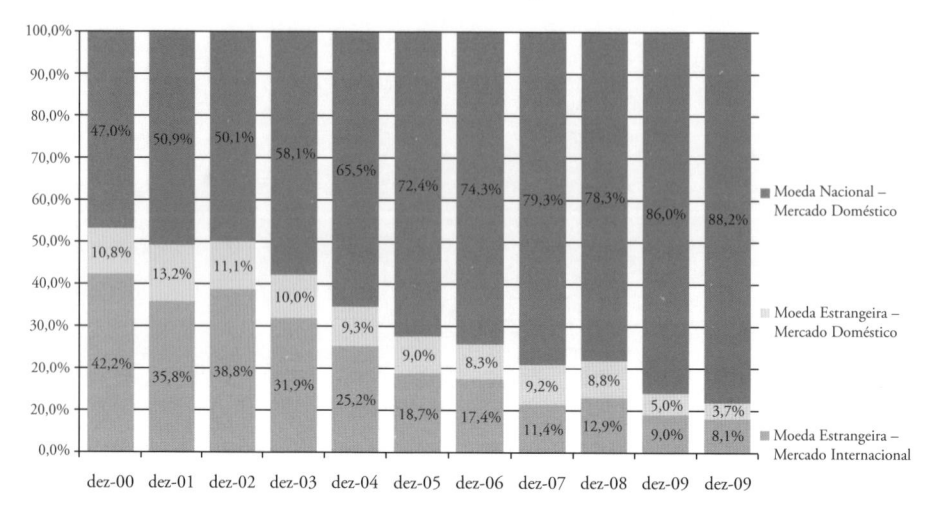

	dez-00	dez-01	dez-02	dez-03	dez-04	dez-05	dez-06	dez-07	dez-08	dez-09	dez-09
Moeda Nacional – Mercado Doméstico	47,0%	50,9%	50,1%	58,1%	65,5%	72,4%	74,3%	79,3%	78,3%	86,0%	88,2%
Moeda Estrangeira – Mercado Doméstico	10,8%	13,2%	11,1%	10,0%	9,3%	9,0%	8,3%	9,2%	8,8%	5,0%	3,7%
Moeda Estrangeira – Mercado Internacional	42,2%	35,8%	38,8%	31,9%	25,2%	18,7%	17,4%	11,4%	12,9%	9,0%	8,1%

cados de dívida é fator da maior importância para viabilizar o financiamento do investimento dessas empresas. Enquanto a evolução dos recursos próprios (patrimônio líquido) mostra uma tendência relativamente uniforme de crescimento ao longo do período, a evolução do exigível financeiro apresenta correlação mais elevada com os ciclos de investimento. O Gráfico 8 resume os resultados obtidos para o consolidado de todas as companhias abertas, exceto Petrobras e Vale,[11] que registra a evolução do investimento, definido como a variação dos saldos do ativo total ano a ano e as correspondentes variações de patrimônio líquido e do exigível financeiro total. Verifica-se que o coeficiente de correlação do investimento com a variação do exigível financeiro é de 0,83, enquanto o mesmo coeficiente calculado para o patrimônio líquido é de 0,43.

Uma interpretação dessa evidência é a de que, nesse período, uma vez tomadas as decisões de investimento, as empresas buscam gerar os recursos necessários para seu financiamento prioritariamente mediante operações de dívida. O aumento de seus recursos próprios, por meio de retenção de lucros ou emissões primárias de ações, se dá de modo mais continuado e estável, provavelmente para manter níveis de endividamento considerados confortáveis.

---

[11] Verifica-se que os dados para a Petrobras e a Vale sugerem maior utilização relativa de recursos próprios quando comparadas com as demais companhias abertas; é possível que o maior acesso dessas empresas ao mercado acionário internacional seja um dos fatores que expliquem essa diferença.

GRÁFICO 8
Investimentos, recursos próprios e dívida – consolidado das companhias abertas exceto Petrobras e Vale*
Período 2000-2010 – em R$ bilhões nominais

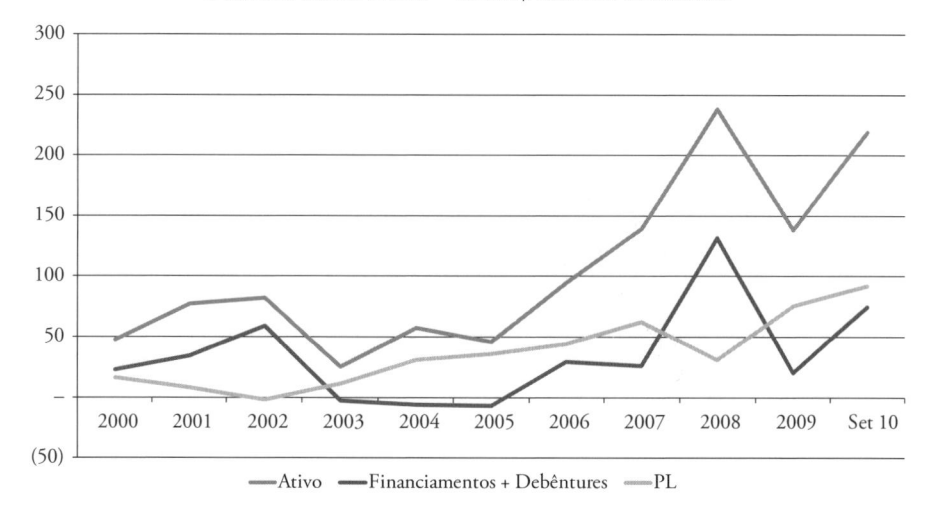

―Ativo ―Financiamentos + Debêntures ―PL

* Variação de saldos do balanço consolidado de todas as companhias abertas, exceto Petrobras e Vale, ano a ano, para todas as companhias com dados disponíveis nos dois períodos de comparação.
Fonte: TDI Cemec 04 – Financiamento do investimento das companhias abertas brasileiras – junho, 2011; www.cemec.ibmec.org.br

a) Algumas condições também evidenciadas nessa pesquisa reforçam a racionalidade desse procedimento:
A taxa de retorno do ativo tem superado o custo médio do exigível financeiro, líquido do imposto de renda, fazendo com que o financiamento via dívida possa ter impacto positivo sobre a rentabilidade do capital próprio. No Gráfico 9, são apresentadas as estimativas do custo médio do exigível financeiro (despesas financeiras/saldo médio do exigível financeiro) e da taxa de retorno sobre ativos, calculados ano a ano no período de 2000 a 2010.
b) No balanço consolidado, os índices de alavancagem (exigível financeiro/atrimônio líquido) têm se reduzido nos últimos anos e sugerem a existência de margem adicional de endividamento.

Em resumo, os dados disponíveis mostram que as empresas brasileiras como um todo têm optado em substituir o endividamento externo, e por fontes domésticas de financiamento, ao mesmo tempo que têm reduzido continuamente

GRÁFICO 9
Balanços consolidados das cias abertas: custo médio do exigível financeiro e taxa de retorno do ativo – 2004-2010 %

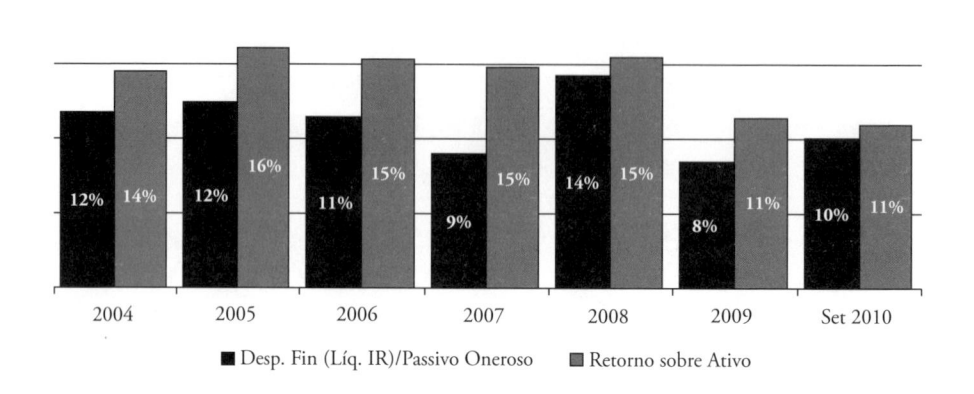

Ano	Desp. Fin (Líq. IR)/Passivo Oneroso	Retorno sobre Ativo
2004	12%	14%
2005	12%	16%
2006	11%	15%
2007	9%	15%
2008	14%	15%
2009	8%	11%
Set 2010	10%	11%

GRÁFICO 10
Balanços consolidados das companhias abertas – índices de endividamento

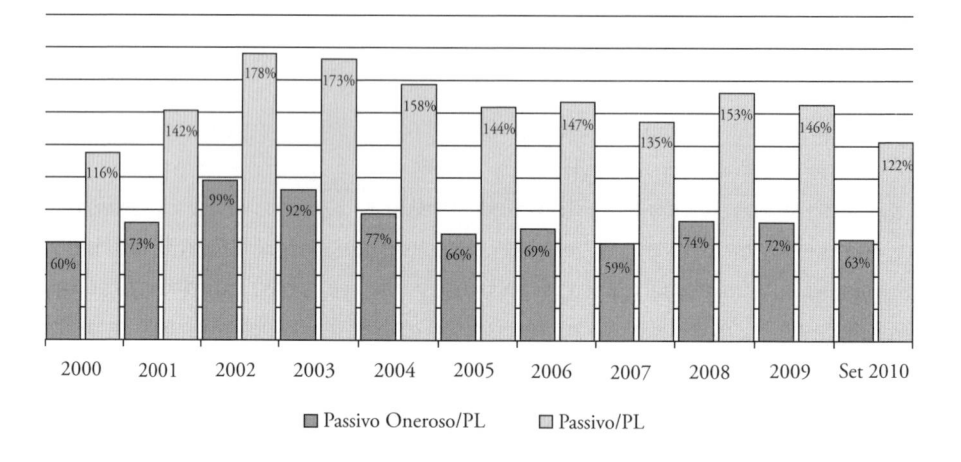

Ano	Passivo Oneroso/PL	Passivo/PL
2000	60%	116%
2001	73%	142%
2002	99%	178%
2003	92%	173%
2004	77%	158%
2005	66%	144%
2006	69%	147%
2007	59%	135%
2008	74%	153%
2009	72%	146%
Set 2010	63%	122%

sua exposição à moeda estrangeira e ao risco cambial mesmo nos últimos anos, em que as condições de acesso ao mercado internacional têm favorecido essas empresas. Por outro lado, a evidência obtida para as companhias abertas sugere que as operações de dívida têm alta correlação com os ciclos de investimento, sugerindo a importância das condições de acesso dessas empresas ao mercado de dívida para o financiamento de investimentos. A observação do comportamento do consolidado das companhias abertas sugere que os ciclos de investimento são financiados prioritariamente por operações de dívida, complementadas ao longo do tempo por recursos próprios, na forma de retenção de lucros e aumentos de capital.

CONDIÇÕES PARA AUMENTAR A PARTICIPAÇÃO DO MERCADO DE CAPITAIS NO FINANCIAMENTO DOS INVESTIMENTOS

A complementação da mudança de política governamental, iniciada com a MP517 de 30/12/2010, em relação ao mercado de dívida privada e a implementação do Novo Mercado de Renda Fixa proposto pela Anbima, pode criar as condições para dobrar a participação do mercado de capitais no financiamento dos investimentos privados.

Até o momento, a oferta doméstica de recursos de longo prazo para o financiamento de investimentos tem sido insuficiente e concentrada no BNDES. Fontes oficiais reconhecem que política adotada nos últimos anos, com suprimento de recursos de dívida pública transferidos ao BNDES (mais de R$200 bilhões em 2009 e 2010) e emprestados a taxas subsidiadas para grandes empresas, não é sustentável, além de inibir mercado de capitais.

O mercado de dívida privada no Brasil é pequeno e sem liquidez, o que compromete sua funcionalidade como alternativa para gerar recursos de longo prazo para o financiamento dos investimentos privados; mercado de dívida é muito menos desenvolvido que o mercado acionário.[12] Pelo menos até dezembro de 2010, vários fatores de inibição têm atuado no sentido de inibir o desenvolvimento desse mercado:

Competição dos títulos públicos

a) **Carga da dívida pública**: volume de títulos da dívida pública em mercado se mantém no mesmo nível de 2000, em torno de 45% do PIB; se

---

[12] Comparativamente, a capitalização do mercado acionário dos Estados Unidos em relação ao PIB é 1,7 vezes maior que a do Brasil enquanto a capitalização do mercado de dívida privada é 5,2 vezes maior que a brasileira.

acrescentado o saldo das operações compromissadas do Banco Central, esse percentual se situa em nível muito superior ao observado em 2000, atingindo 53% do PIB em dezembro de 2010;

b) **Condições para o investidor**: os papéis da dívida pública oferecem alta rentabilidade, risco de crédito praticamente nulo e alta liquidez, e cerca de 30% ainda são indexados à Selic, isentos, portanto, de risco de mercado. Para competir, os papéis privados precisam oferecer prêmio de risco que compensem o risco de crédito e a baixa liquidez. Para enfrentar a indexação pela Selic, a maior parte das debêntures tem sido emitida com indexação pelo CDI. Para um papel de longo prazo, frequentemente utilizado para financiar investimentos, a indexação do CDI representa alto risco para as empresas emissoras, descasando taxas de retorno do ativo e custo do passivo financeiro. Esse descasamento tende a se agravar exatamente nos períodos de política monetária restritiva, em que a consequente redução da demanda contribui para deprimir a taxa de retorno das empresas.

Discriminação tributária e regulatória e o papel do BNDES

As aplicações de investidores estrangeiros em títulos da dívida pública são isentos do imposto de renda desde fevereiro de 2006. Até dezembro de 2010, suas aplicações em títulos de dívida privada eram tributadas. No plano regulatório, mesmo para os títulos de crédito privado de baixo risco de crédito são fixados limites estritos à participação desses papéis na carteira de investidores institucionais e requeridos maiores provisões de capital no caso de instituições financeiras.

Historicamente, o BNDES tem tido iniciativas muito positivas para o desenvolvimento do mercado de dívida corporativa, como é o caso das debêntures da BNDESPAR e a estruturação de modelos de financiamento, combinando dívida e emissão de ações. Por outro lado, embora se reconheça o relevante papel desempenhado pelos bancos oficiais na moderação dos efeitos da crise de 2008 e 2009, compensando especialmente a restrição de crédito dos bancos privados, deve-se registrar que a continuidade da expansão das operações baseada em transferência de recursos do Tesouro provavelmente representou, nesse período, fator adicional de inibição do mercado de capitais. Ao mesmo tempo que a colocação de dívida pública representou captação adicional de poupança privada, que, de outro modo, poderia ser dirigida para títulos privados, sua aplicação na forma de crédito a taxas subsidiadas certamente desestimulou a emissão de títulos do mercado de capitais em favor da captação de financiamentos do BNDES.

Mercado secundário pequeno e sem liquidez

O mercado secundário das debêntures, principal título de dívida corporativa, é pequeno e de baixa liquidez, fator que limita fortemente a colocação de papéis de longo prazo requeridos para o financiamento de investimentos. Essas características inibem até a participação mais intensa de investidores institucionais com horizontes de investimento de longo prazo, como é o caso de fundos de pensão, seja porque a ausência de liquidez compromete a devida precificação dos papéis, seja porque esses investidores também precisam de liquidez para promover os ajustes de sua carteira em paralelo com as mudanças de seus compromissos atuariais. Vários fatores têm atuado para inibir a liquidez do mercado secundário, muitos deles interdependentes, destacando-se os critérios de tributação, especialmente aqueles relacionados com a tributação dos cupons de juros, a ausência de padronização de contratos, pequena participação de investidores de menor porte e ausência de atuação de formadores de mercado.

A partir de 2011, a implementação e complementação de iniciativas do governo e do setor privado podem criar condições para mudar fundamentalmente esse quadro. Em fins de 2010, com a edição da MP517 de 30/12/2010, o governo dá início à nova política. Obedecidas algumas condições, investidores estrangeiros e pessoas físicas terão isenção, e empresas pagarão 15% de imposto de renda na fonte nos rendimentos de debêntures destinadas a financiar investimentos que tenham prazo médio de amortização superior a quatro anos. Além disso, foi dada isenção para estrangeiros que apliquem em debêntures emitidas por sociedades de propósito específicos, para execução de projetos de infraestrutura. Ao mesmo tempo, foi anunciada uma nova política para o BNDES, com o anúncio de menores transferências do Tesouro a partir de 2012, e sua participação direta no apoio ao desenvolvimento do mercado de capitais.

Do lado do setor privado, em abril último de 2011, foi lançado o projeto da Anbima do Novo Mercado de Renda Fixa, propondo a criação de condições para o desenvolvimento dos mercados primário e secundário de dívida privada, projeto esse que foi objeto de diálogo e apoio dos órgãos reguladores e do BNDES. De modo análogo ao Novo Mercado da Bovepa, o projeto do Novo Mercado de Renda Fixa,[13] de livre adesão para os emissores de dívida, propõe mudanças institucionais, incluindo maior proteção ao investidor na forma de mais transparência e altos padrões de governança. Busca reduzir custos de transação e criar melhores condições para aumentar a liquidez: com a proposta de maior grau de padronização dos contratos, atuação de *market maker* e criação de fundos de liquidez. Além disso, no Novo Mercado não se aceita indexação pelo CDI, limitada a índices de preços ou taxas pré-fixadas.

Compõem ainda o projeto da Anbima propostas de medidas tributárias complementares, destacando-se aquela que substitui o critério atual, que aplica tributação decrescente do imposto de renda em função do tempo de permanência do papel com o mesmo investidor, para uma tributação decrescente em função do prazo do título.

É razoável supor que a complementação da política governamental e o detalhamento e execução do projeto do Novo Mercado de Renda Fixa possam reunir as condições necessárias para dinamizar o mercado de dívida corporativa, e assim aumentar a oferta e alongar os prazos de financiamento em moeda nacional para o setor privado.

De qualquer modo, deve-se lembrar que a ampliação dos recursos de poupança, que podem ser destinados a financiar investimentos públicos ou privados, exige a recuperação da poupança do setor público e a redução da carga da dívida pública, de modo a promover redução sustentável da taxa de juros e eliminação da Selic como indexador de títulos públicos.

MERCADO DE CAPITAIS E O FINANCIAMENTO DO INVESTIMENTO PRIVADO: ALGUMAS OBSERVAÇÕES FINAIS

Admitindo que a sustentação de taxas de crescimento da ordem de 4,5% a.a. exige taxas de investimento próximas de 21% do PIB e dadas a insuficiência e dificuldade de promover aumentos significativos da poupança interna em curto prazo, hoje da ordem de 16% a 17% do PIB, existem razões para acreditar que a complementação de poupança externa será indispensável nos

---

[13] Íntegra do projeto disponível no site da Anbima: www.anbima.com.br

próximos anos para sustentar aquele crescimento. Nesse contexto, o financiamento dos investimentos para a manutenção dessas taxas de crescimento envolve duas questões, a saber, a mobilização da poupança interna e o financiamento do déficit em contas-correntes.

O mercado de dívida privada pode cumprir papel relevante na oferta de recursos de longo prazo e substituir dívida externa do setor privado no financiamento do déficit em contas-correntes na medida em que existam condições não restritivas para a entrada de investimento estrangeiro em carteira. É uma solução superior ao aumento do endividamento privado no exterior, seja porque transfere o risco cambial para os investidores estrangeiros, seja porque o mercado de dívida corporativa pode ser acessado por empresas de menor escala, inclusive por empresas de capital fechado.

Utilizando como base o padrão médio de financiamento de investimentos privados do período 2005 a 2010 e adotando a hipótese de que novas operações de dívida externa do setor privado sejam mantidas no maior percentual do PIB observado nesse período, simulações sugerem que participação do mercado de capitais deveria dobrar de 1,8% para cerca de 3,8% do PIB para sustentar crescimento da ordem de 4,5% a.a. Mantidas as mesmas hipóteses para a dívida externa do setor privado, no cenário de crescimento de 5% a.a., a participação do mercado de capitais deveria triplicar para 5,3% do PIB.

Uma avaliação preliminar das condições do mercado de capitais doméstico para corresponder a essas expectativas mostra que o mercado de ações já oferece potencial suficiente[14] enquanto o cenário dos últimos anos tem comprometido a oferta de financiamento de longo prazo e o desenvolvimento do mercado de dívida privada. Trata-se de mercado relativamente pequeno e de baixa liquidez, cujo desenvolvimento tem sido inibido por vários fatores, que vão desde a competição dos títulos públicos, alta taxa de juros e critérios de tributação, até a falta de padronização de contratos. A criação de condições de liquidez no mercado secundário é essencial para viabilizar o alongamento dos prazos dos papéis. A importância do desenvolvimento do mercado de dívida corporativa é ratificada pelos resultados preliminares de pesquisa do Cemec sobre o financiamento de investimentos nas companhias de capital aberto. Essa pesquisa mostra a existência de elevada correlação entre os ciclos de investimento e o uso de instrumentos de dívida para seu financiamento nesse período.

---

[14] Deve-se lembrar que a emissão de ações da Petrobras, realizada em setembro de 2010, continua sendo a maior operação desse tipo feita na economia mundial.

Desde fins de 2010, iniciativas do governo e do setor privado mudam favoravelmente as perspectivas do mercado de dívida corporativa no Brasil. A nova política oficial combina a edição da MP517 em 30/12/2010, que, entre outros pontos, cria melhores condições para a participação de investidores estrangeiros no mercado de dívida, com o anúncio de um novo posicionamento para o BNDES mais favorável ao desenvolvimento do mercado de capitais. Do lado do setor privado, a Anbima apresentou em abril último a proposta de criação do Novo Mercado de Renda Fixa, mercado de adesão voluntária e que estabelece uma série de condições de transparência e governança em favor do investidor, ao mesmo tempo que contém medidas para estimular o mercado secundário com a criação de fundos de liquidez, a padronização de contratos e o aperfeiçoamento da tributação.

A implementação do Novo Mercado de Renda Fixa, prevista para ocorrer até fins de 2011, e a complementação da política iniciada com a MP517 podem criar as condições necessárias para o desenvolvimento de dívida privada e a efetiva participação do mercado de capitais no financiamento dos investimentos e sustentação do crescimento. Não se pode ignorar, entretanto, as limitações impostas pela insuficiência da poupança interna, cuja superação depende principalmente da recuperação da poupança do setor público.

Das invasões bárbaras à sociedade do conhecimento

*Paulo Guedes**

---

* CEO da BR Investimentos.

AS NOVAS INVASÕES BÁRBARAS

Eventos globais de nossa época atingem a economia brasileira em pelo menos três dimensões.

Primeiro, a dimensão financeira: somos parte de uma rede altamente sensível aos movimentos de capitais. A recente turbulência dos mercados é mais uma manifestação de crises financeiras amplamente estudadas. Como diz Benoit Mandelbrot, em *O mau comportamento dos mercados: uma análise fractal do risco, da ruína e da recompensa* (2004), entre todas as causas de destruição de vidas e propriedades humanas, as violentas inundações fluviais eram as mais importantes para Leonardo da Vinci: *Os homens não têm recursos contra essas irreparáveis inundações. Uma sucessão de ondas destruindo casas, devastando campos, arrancando árvores, carregando em suas águas homens e animais, e derrubando diques e represas.*

Esse mesmo tipo de turbulência destrutiva é visível nos mercados financeiros. A mesma interrupção de períodos de estabilidade por descontinuidades abruptas, e a mesma concentração de grandes eventos em pequenos intervalos de tempo. Cascatas de vendas inundam os pregões. Os distúrbios se alastram pelo globo. Como o clima de Da Vinci, os mercados são turbulentos.

A segunda dimensão é também historicamente conhecida: as pressões do crescimento econômico global sobre os recursos naturais. David Fischer descreve, em *As grandes ondas de preços e o ritmo da História* (1996), uma onda inflacionária que rompeu o equilíbrio do feudalismo:

"A economia medieval se expandia rapidamente, de um primitivo sistema de barganha para uma complexa rede de mercados. Comerciantes que vieram comprar e vender na capital da mais rica província da Europa, centro comercial e industrial de têxteis, armas e couros, encaminham-se ao mercado em torno da catedral de Chartres, em 8 de setembro de 1224. Os preços de madeira e comida subiam na porta sul. Os preços de manufaturas, como roupas, pregos, elmos e armaduras, também subiam um pouco na porta norte, mas não tanto quanto comida e combustível, ou insumos como algodão e ferro.

"Os salários ficavam para trás, sem acompanhar o aumento do custo de vida. Os preços elevados mais rapidamente eram os de energia, comida e insumos básicos, itens demandados mais fortemente durante o período de crescimento populacional. São também produtos com baixa elasticidade de oferta. Especialmente chocante foi a alta dos preços de energia, como madeira e carvão."

Como todas as grandes ondas de preços examinadas por Fischer, a atual tem o mesmo padrão. Os preços de matérias-primas e energia estão em alta, os salários foram comprimidos pela globalização, e os lucros dispararam em todo o mundo.

Os sinais da nova ordem econômica, transmitidos pelo sistema de preços internacionais, indicam oportunidade e riscos para a economia brasileira. Por um lado, a favorável explosão de preços de recursos naturais, commodities, produtos agrícolas e matérias-primas dissolveu a vulnerabilidade externa, permitindo a acumulação de reservas e a redução da dívida em moeda estrangeira. Mas, por outro lado, a valorização do real, embora registre nosso enriquecimento recente, transmite-nos uma terrível ameaça: os indianos e chineses nos informam que a produção de automóveis, produtos têxteis, móveis, calçados e geladeiras poderá ser erradicada do Brasil.

Como estiveram os árabes sentados em barris de petróleo em meio à ignorância de suas populações, poderemos nos sentar em toneladas de minérios e matérias-primas, com as mãos sujas de petróleo comemorando a autossuficiência, em meio à ruína da indústria brasileira.

Finalmente, a terceira dimensão é a guerra pelos empregos na economia global. Uma versão moderna das invasões bárbaras, em que grandes deslocamentos de massas humanas, em busca de melhores condições materiais, marcaram a Idade das Trevas. "No final de dezembro do ano 406, em mais um dia extremamente frio, congela-se finalmente a superfície do Rio Reno, surgindo então uma sólida ponte natural pela qual estiveram ansiosamente esperando centenas de milhares de homens famintos, suas mulheres e crianças. Nos últimos momentos de calma antes de estourar o pandemônio, nem as tribos germânicas nem os disciplinados soldados romanos do outro lado do rio percebiam seu lugar na História. Com coragem e desespero, lançando-se em ondas sucessivas, apenas os vândalos, uma das tribos, perderam 20 mil homens na tentativa de travessia", descreve Thomas Cahill, em *Como a Irlanda salvou a civilização* (1995).

As invasões bárbaras lembram o choque cataclísmico produzido pelo mergulho de três bilhões de pessoas na atual etapa eurasiana da globalização. Os bárbaros, destituídos em busca de um futuro melhor, são o Leste Europeu, a Rússia e a China, que experimentaram radicalmente o socialismo. A ponte sólida sobre o Reno são os fluxos de comércio em que se lançam na tentativa de travessia rumo às terras ricas das províncias romanas — os prósperos mercados de massa dos Estados Unidos e da Europa.

O capitalismo nunca mais será o mesmo. Tampouco a socialdemocracia. Sem legislação trabalhista, encargos previdenciários e custos adicionais de mão de obra, os trabalhadores da antiga ordem socialista se transformam em cunhas competitivas para penetração nos mercados ocidentais. O "exército industrial de reserva" da China comunista invade o mundo todo com "salários de fome", condenando ao desemprego em massa mercados de trabalho inflexíveis. Na guerra mundial por empregos, a globalização será o algoz da socialdemocracia.

PONTES DE PAPEL E ALICERCES DO FUTURO

Nos anos 1920, o brilhante economista John Maynard Keynes vislumbrava pontes de papel sobre o Oceano Atlântico: "A recuperação econômica da Alemanha depende de um enorme fluxo circular de papéis, com os Estados Unidos dando empréstimos à Alemanha, que usa os recursos para reparações de guerra feitas à Inglaterra e à França, que por sua vez pagam suas dívidas com os Estados Unidos."

A ciranda financeira era um esforço para a manutenção da atividade econômica mundial após a Primeira Grande Guerra.

Na primeira década do século XXI, as pontes de papel estão sobre o Pacífico. O excesso de poupança dos asiáticos estimulou o extraordinário endividamento dos americanos. Especialmente os chineses financiam os gastos excessivos dos Estados Unidos, que por sua vez se transformam em mais exportações, maior crescimento e novos empregos. O esforço das autoridades tanto na China quanto na América é não deixar que se queimem as pontes de papel na tentativa de manter sua prosperidade econômica.

Como sabia Keynes, à época que era insustentável a antiga ordem, e inevitáveis as mudanças, sabemos hoje que também se aproxima do esgotamento a simbiose sino-americana. O capitalismo desimpedido exigiria ajustamentos fulminantes. As quedas de preços de ações e imóveis na América derrubariam o consumo. A falência das agências americanas de crédito imobiliário dissolveria mais de US$1 trilhão, acumulados em manipulações cambiais pelo Banco Central da China. A desvalorização do dólar e a valorização do yuan seriam inevitáveis.

O abalo do status do dólar como moeda de reserva da economia global interromperia os abusos do Federal Reserve, o banco central americano, em sua emissão descontrolada.

E o modelo chinês de crescimento teria de se basear no consumo interno, evitando a deflagração da guerra mundial por empregos. Este não é, entretanto, o mundo em que vivemos.

Permanecem sob controle das autoridades preços críticos da economia global, como as taxas de juros na América e a cotação dólar/yuan manipulada pela China. Temos pela frente um longo período de reflação da demanda global.

É nesse ambiente global de liquidez abundante, taxas de juros artificialmente baixas, preços de commodities inflados, manipulação cambial e guerra mundial por empregos que a economia brasileira se deslocará no futuro próximo.

A liquidez abundante, o excesso de oferta de mão de obra não qualificada e a disponibilidade de novas tecnologias tornam o empreendedorismo o fator escasso e, consequentemente, o mais valioso da nova ordem econômica mundial.

Desse empreendedorismo dependeremos também para a recuperação de nossa dinâmica de crescimento, baseada em um mercado interno de consumo de massas.

Sua missão é mobilizar e coordenar fatores de produção críticos a nosso desempenho futuro: educação, logística e fontes de energia renováveis.

O FUTURO É A EDUCAÇÃO

Um engenheiro construiu aquedutos e catapultas na antiga Roma, castelos e catedrais na Idade Média, como constrói, nos dias de hoje, foguetes espaciais e plataformas marítimas para exploração de petróleo. Um exemplo de como o conhecimento transforma as profissões através dos séculos.

De carroças puxadas por bois às ferrovias, de caminhões a diesel aos aviões de carga, mesmo o passado recente registra o extraordinário impacto das inovações sobre os meios de transporte. Um exemplo de como o conhecimento também transforma de modo radical nossas atividades produtivas.

A verdade é que a educação, ao possibilitar a evolução e a transmissão do conhecimento ao longo da história humana, modificou profissões, trouxe novas tecnologias e transformou atividades produtivas, mas recebeu relativamente pouco em troca. Seus métodos de transmissão permaneceram os mesmos por milênios.

Não me refiro evidentemente ao conteúdo educacional ou à qualidade dos métodos científicos modernos em comparação às investigações filosóficas dos antigos. E sim à "tecnologia de transmissão", com alguns tutores e muita saliva.

Os ensinamentos de Aristóteles para o jovem Alexandre da Macedônia foram transmitidos por aulas expositivas, diálogos e estímulo à leitura, técnicas que em pouco diferiam das atuais.

É com essa perspectiva que avaliamos o impacto das novas tecnologias sobre a educação.

Desde a revolução de Gutenberg, não ocorria nada igual à chegada da internet, a globalização efetiva da informação.

A onda de inovações aplicáveis à transmissão do conhecimento está causando uma revolução no setor. Há uma convergência de novas tecnologias, que permitirá a superação do maior de todos os desafios: a universalização do ensino de qualidade.

A oportunidade de criação de valor na moderna sociedade do conhecimento, por meio dessa universalização de um conteúdo antes acessível a poucos, com uma dramática redução de custos pela aplicação das novas tecnologias, está produzindo, por sua vez, uma onda de fusões, aquisições e associações entre empresas de internet, da indústria de telecomunicações, da mídia convencional e do setor de educação propriamente dito.

A convergência das novas tecnologias está derrubando as muralhas antes existentes entre esses diversos setores, redefinindo fronteiras e criando novas oportunidades de investimento. E, pela primeira vez, o maior beneficiário será a educação.

O Brasil frente ao recrudescimento da crise internacional

*Márcio Garcia**

---

* Professor associado do Departamento de Economia da PUC-Rio.

Da Europa, vem o temor do calote de vários países e da falência de grandes bancos; dos Estados Unidos, o medo de um duplo mergulho que jogue o mundo em nova recessão. O bólido chinês, com problemas de inflação, ameaça desacelerar fortemente. No Brasil, o dólar volta a subir rápido enquanto a inflação assusta e a economia se desaquece lentamente. O BC, alarmado com a crise internacional, compra até a promessa de aperto fiscal do Executivo e faz uma aposta arrojada em juros mais baixos para manter a economia crescendo sem que a inflação fuja da meta.

Será que nosso crescimento voltará a se assemelhar ao voo da galinha? E o dólar, continuará barato ou subirá aos elevados níveis do passado? A inflação vai continuar aumentando? São muitas as dúvidas neste momento extremamente conturbado da economia internacional. Neste artigo, busco analisar de forma breve a conjuntura internacional e seus prováveis desdobramentos para a economia brasileira.

Embora a velocidade dos acontecimentos recentes faça parecer que ocorreu há muito tempo, faz apenas dois meses que os políticos dos Estados Unidos conseguiram chegar a um acordo que impedisse o calote da dívida pública. Também no início de agosto, a classificadora de riscos *S&P* rebaixou a dívida dos Estados Unidos, aumentando ainda mais a incerteza e a aversão ao risco. O acordo celebrado entre democratas e republicanos para evitar o calote da dívida, contudo, tem sérios problemas macroeconômicos: ele manieta o governo no curto prazo, impedindo-o de combater a recessão via expansão temporária da política fiscal, ao mesmo tempo que deixa de atacar os problemas fiscais de longo prazo, que constituem, de fato, a grande ameaça à solvência dos Estados Unidos. Os números do PIB dos Estados Unidos, bem como a não geração de novos empregos em agosto, mostraram que a economia está praticamente estagnada, com alto risco de voltar à recessão. O recente plano de Obama para gerar empregos tenta retomar a expansão fiscal, mas a aguda disputa política não deixa muita esperança de que venha a ter sucesso. Tampouco sua iniciativa para garantir a solvência fiscal nos Estados Unidos parece ter boa chance de êxito.

Frente a tal situação, em atitude inusitada, o FED prometeu manter juro zero até meados de 2013. Busca assim incentivar empresas e famílias a voltarem a gastar. O problema é que muitas empresas e famílias estão sobreendividadas (alavancadas), e quem está preocupado em pagar dívidas tem de cortar consumo e investimento. Muitas empresas, ao contrário, nadam em liquidez, mas estas tampouco investem porque temem não ter para quem vender. Esperam-se novas medidas na próxima reunião do FED, mas não está claro que haja muito que possa ser feito para encurtar a crise.

Na Europa, a situação é ainda pior. Após longo processo de negação da inevitabilidade de uma redução substancial da dívida grega (*haircut*), um novo programa foi, afinal, aprovado, mas sua implementação está sendo posta em dúvida pelos mercados. As decisões econômicas, que se fazem necessárias na área do euro, enfrentam dificuldades políticas ainda maiores que nos Estados Unidos por envolverem diversos países e requererem unanimidade. Os mercados acreditam que haverá um calote grego, além de também descontarem calotes de outros países pequenos, Portugal e Irlanda, e até mesmo de alguns dos grandes, Itália e Espanha. Bancos franceses, recheados de papéis das dívidas soberanas ora em xeque, sofrem a debandada de investidores e encontram dificuldades em obter financiamento interbancário.

Caso os líderes europeus não consigam chegar a um acordo que convença os investidores de que não será admitida uma sequência de calotes soberanos que chegue a atingir os maiores países, grandes bancos podem vir a quebrar. Teme-se que tal quebradeira gere efeito dominó, semelhante ao ocorrido há três anos, quando quebrou o banco Lehman Brothers, nos Estados Unidos. Neste cenário catastrófico, no qual nosso BC decidiu apostar, se repetiria a paralisia do crédito internacional observada em 2008.

A fonte de crescimento da economia mundial está nos países emergentes, sendo a China seu dínamo. O problema é que a China luta contra inflação elevada e tenta, com dificuldades, desacelerar seu crescimento via contenção do crescimento do crédito. Para que o crescimento chinês permaneça elevado em médio prazo, será necessário que passe a depender menos do investimento e das exportações e mais do consumo interno. Isto envolve, entre outros fatores, a apreciação da taxa de câmbio, tema notoriamente difícil para as autoridades chinesas. Dada a complementaridade entre as economias chinesa e brasileira, os prognósticos para a China tornam-se ainda mais importantes para determinar nosso crescimento futuro.

Para avaliar os prováveis desdobramentos da crise internacional sobre a economia brasileira, hoje, vale recordar nossa reação à crise de 2008.[1] Naquela oportunidade, o principal canal de transmissão da crise internacional para a economia brasileira foi a maciça contração internacional de crédito. Fragilidades financeiras internas ampliaram o impacto recessivo da contração creditícia: grandes empresas alavancadas em derivativos cambiais negociados com grandes bancos sofreram

---

[1] Em trabalho realizado para a Anbima, disponível em http://www.anbima.com.br/mostra.aspx/?id=1000001380, revejo as razões para a resiliência demonstrada pela economia brasileira durante a crise de 2008.

pesadas perdas. Apesar da higidez de nosso sistema financeiro, bancos pequenos e médios, e até mesmo um grande banco, sofreram grandes dificuldades financeiras oriundas da severa contração da liquidez. Tentou-se "desempoçar" a liquidez de diversas formas. Foram liberados depósitos compulsórios, incentivando bancos maiores a comprar carteiras dos menores com dificuldades de liquidez, aperfeiçoando e alongando o prazo do redesconto e, finalmente, criando-se um seguro para depósitos até R$20 milhões, o DPGE (Depósito a Prazo com Garantia Especial), garantido pelo FGC (Fundo Garantidor de Créditos). O resultado final foi considerado satisfatório, com o sistema financeiro nacional não sofrendo grandes danos, malgrado a severidade da crise.

No que tange ao *mix* de políticas macroeconômicas, não há tanta concordância quanto ao acerto das ações governamentais. O Gráfico 1 mostra quatro séries: a taxa Selic, a inflação acumulada nos doze meses passados (IPCA), a inflação prevista para os doze meses futuros (IPCA) e o índice de produção industrial (escala à direita). Às vésperas da eclosão da crise de 2008, dada a elevação da inflação, tanto ocorrida quanto prevista, ambas acima da meta (4,5%), o BC vinha elevando a taxa Selic, que se encontrava em 13,75%. A crítica que muitos fazem ao BC é que ele teria errado ao manter inalterada a Selic durante o último trimestre de 2008, apesar do colapso do nível de atividade. Há, contudo, que se lembrar que a taxa de câmbio elevou-se significativamente, com o dólar chegando a beirar os

GRÁFICO 1
A reação do BC frente às crises

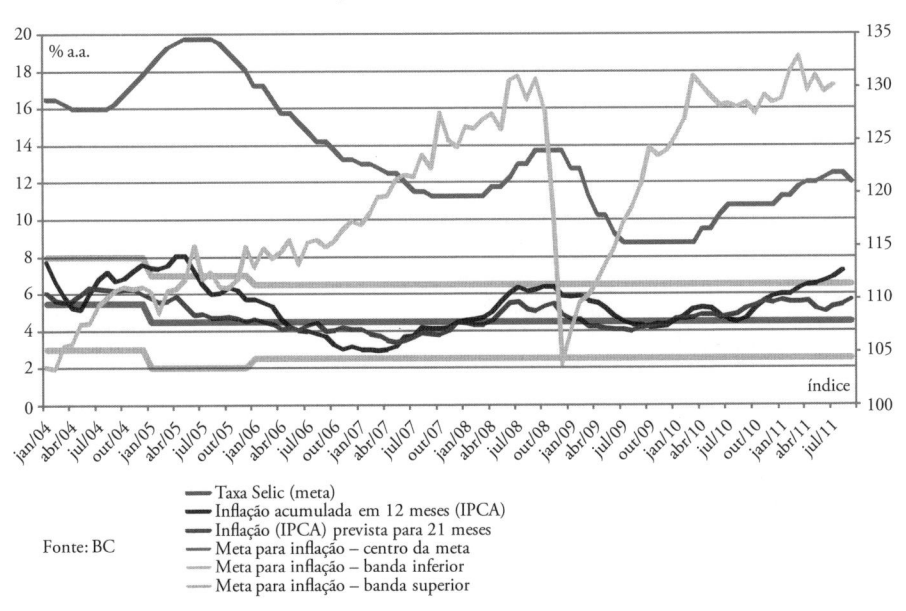

Fonte: BC

— Taxa Selic (meta)
— Inflação acumulada em 12 meses (IPCA)
— Inflação (IPCA) prevista para 21 meses
— Meta para inflação – centro da meta
— Meta para inflação – banda inferior
— Meta para inflação – banda superior

R$2,50. O real depreciou-se 62% em relação ao dólar, entre agosto e dezembro de 2008. O impacto inflacionário da depreciação cambial só não foi maior porque os preços das commodities, em dólar, colapsaram, o que ora não está ocorrendo, como mostra o Gráfico 2. Note-se que, mesmo com a acentuada queda do nível de atividade, a queda da inflação, tanto da prevista como a da realizada, não foi muito acentuada, permanecendo ao redor da meta para inflação, demonstrando que o BC cumpriu o mandato da sistemática de metas para a inflação.

O padrão internacional de reação à crise foi recorrer à expansão fiscal apenas quando a expansão monetária já havia se esgotado, com taxas de juros perto de zero. Por isso, vários países reduziram significativamente os juros enquanto o BC só o fez até 8,75%. Isto ocorreu porque as políticas fiscal e parafiscal (expansão de crédito subsidiado via bancos públicos, sobretudo o BNDES) foram rápida e fortemente expandidas, limitando a capacidade de o BC reduzir mais os juros sem colocar em risco o controle inflacionário. Teria sido melhor recorrer mais ao relaxamento da política monetária do que à expansão fiscal, pois a primeira age com muito mais rapidez e de forma homogênea, afetando todos os agentes econômicos. Pode-se debater eternamente de quem é a culpa do *mix* errado de políticas macroeconômicas no combate à crise passada. Da Fazenda ou do BC? Mas isto, agora, pertence à história econômica.

GRÁFICO 2
Índice de preços de Commodities (em dólar)

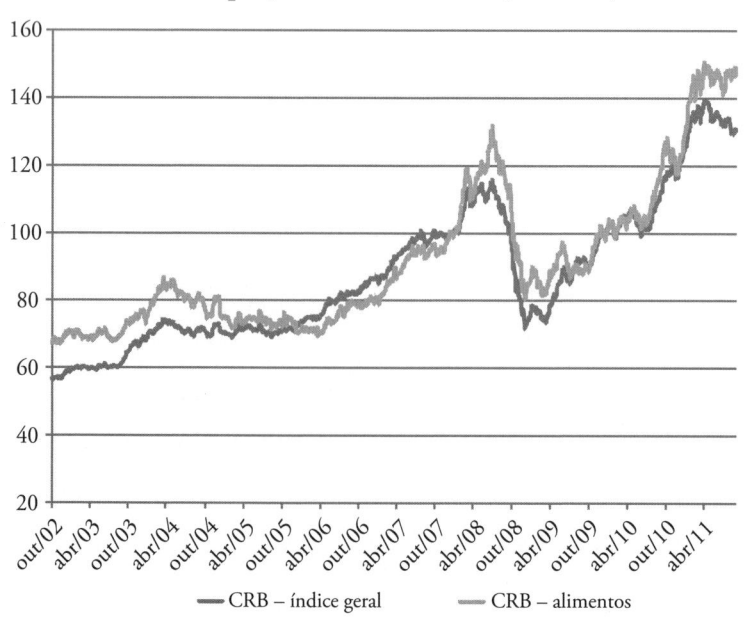

CRB – índice geral   CRB – alimentos

Na reação à crise atual, o BC já decidiu baixar os juros confiando que as políticas fiscal e parafiscal não apresentarão o perfil expansionista da crise passada. De fato, a ata da última (161ª) reunião do Copom e as recentes entrevistas de seu presidente deixam claro estar o BC determinado a seguir trajetória bem distinta daquela seguida na reação à crise de 2008, ressaltando os impactos da crise mundial atual sobre a inflação. O cenário que parece guiar a decisão do Copom é construído com base em modelo computável, na presunção de que ocorra uma crise externa com menor impacto sobre a economia brasileira (1/4 do impacto de 2008), ainda que mais persistente (não especifica o período). A ata (parágrafo 18) registra que, nesse cenário "... a atividade econômica doméstica desacelera e, apesar de ocorrer depreciação da taxa de câmbio e de haver redução da taxa básica de juros, entre outros, a taxa de inflação se posiciona em patamar inferior ao que seria observado caso não fosse considerado o supracitado efeito da crise internacional". Trata-se de um modelo novo, cuja confiabilidade ainda deverá ser testada ao longo do tempo. A reação de analistas fora do BC, que lidam também com modelos econométricos, parece indicar que, a menos que a severidade da crise internacional seja elevada, baixando significativamente os preços das commodities que compõem nosso índice de inflação (sobretudo alimentos, vide Gráfico 2), a convergência da inflação para a meta em 2012 estaria seriamente ameaçada.

Há outras ameaças também mencionadas na ata. Os aumentos salariais acima da produtividade são uma delas. O aumento do salário mínimo em janeiro de 2012, que deve se situar por volta de 14%, é um elemento que dificulta muito a contenção dos aumentos salariais ora negociados. Com o mercado de trabalho aquecido, é muito difícil que a meta para inflação, 4,5%, sirva como base para fixação de reajustes salariais.

Outra ameaça é que a política fiscal siga sendo expansionista. O BC resguarda-se, afirmando (parágrafo 27) que: "O Copom reafirma que o cenário central para a inflação leva em conta a materialização das trajetórias com as quais trabalha para as variáveis fiscais." Em relação à expansão do crédito subsidiado via bancos públicos, também adverte (parágrafo 28) que "... considera oportuna a introdução de iniciativas no sentido de moderar concessões de subsídios por intermédio de operações de crédito", embora não mencione a importância de moderar o volume total de crédito via bancos públicos, e não só os subsídios.

Infelizmente, há muito pouca evidência de que o governo, de fato, vá alterar as políticas fiscal e parafiscal de forma significativa. Ainda que a situação fiscal do

Brasil seja tranquila no curto prazo, há diversas ameaças de médio e longo prazo que deveriam estar sendo atacadas, a começar pelo déficit previdenciário.

Em suma, o BC tomou a decisão de cortar a taxa Selic com base em aposta arriscada de que a crise internacional nos permitirá importar deflação, no arrefecimento das demandas salariais em um contexto de mercado de trabalho aquecido, e na esperança de que o governo reverta suas políticas fiscal e parafiscal expansionistas. Pode dar certo? Talvez, e para isso torcemos. Não obstante, a boa técnica de política monetária não aconselha bancos centrais a tomarem decisões tão arriscadas. Dado que a decisão de reduzir a Selic, que deve prosseguir nas próximas reuniões do Copom, já está tomada, só nos resta cobrar do governo que cumpra sua parte, apertando a política fiscal.

É importante abordar a questão da credibilidade do BC. Como se sabe, o sucesso da política monetária reside fundamentalmente na crença dos agentes econômicos de que o BC vai manter a inflação próxima à meta. Tal credibilidade está afetada, porque se passou a duvidar que o Copom possa decidir autonomamente sobre a fixação da taxa de juros. Tal impressão pode muito bem ser falsa, mas ela existe. E isto afeta negativamente a credibilidade do BC e, portanto, a eficiência da política monetária. Para que não haja perda ainda maior de credibilidade é necessário que, caso as hipóteses contidas na ata do Copom não se verifiquem, com a inflação dos próximos meses não convergindo para a meta, o BC reverta o movimento de queda da Selic.

Quanto à taxa de câmbio, sua trajetória futura estará condicionada, no plano externo, ao desenrolar da crise internacional e seus impactos sobre o crédito internacional, nível de atividade e preços de commodities, bem como, no plano interno, à condução das políticas monetária e fiscal. É pequena a probabilidade de depreciação tão acentuada como a registrada na crise de 2008, uma vez que não há notícias que empresas tenham voltado a especular em derivativos cambiais. Não obstante, a recente e rápida depreciação do real alterou o foco das apreensões, voltando a preocupar seu impacto inflacionário.

Em suma, vivemos um período de enorme incerteza nas economias desenvolvidas, com repercussões muito profundas, muito além da esfera econômica. Nossa economia será negativamente afetada, ainda que a situação relativa do Brasil seja boa. A reação do BC à crise, ao reduzir os juros, aumentou o risco inflacionário. Mais do que nunca, o crescimento futuro da economia brasileira reside na contenção da expansão fiscal, bem como nas reformas estruturais que precisam retornar à discussão da sociedade civil e do Congresso Nacional.

A hora e vez de aumentar a poupança pública

*Raul Velloso**

---

* Consultor especializado em Contas Públicas. Ex-secretário de Assuntos Econômicos do Ministério do Planejamento.

Na virada de 2002 para 2003, a dívida pública, herdada das fases anteriores, era bastante elevada, era alto o componente externo dessa dívida, e baixo o estoque de reservas internacionais. Com base nas elevadas taxas de juros reais praticadas à época e nas baixas taxas de crescimento do PIB que resultavam, exercícios de projeção da razão entre a dívida pública e o PIB geravam trajetórias sempre ascendentes dessa razão, mesmo sob taxas de câmbio estáveis e superávits fiscais relativamente elevados. A projeção implícita da repetição do quadro de crises periódicas e suas consequências da fase pré-2003 traziam às mentes dos analistas uma sequência de efeitos desfavoráveis e interligados: temor de calote, fuga de capitais, choques altistas nas taxas de câmbio, fortes pressões inflacionárias, subidas das taxas de juros, desaceleração da economia e agravamento do quadro de insolvência pública. Isso ocorreu àquela época, quando, para piorar, eram grandes os temores de que o novo governo viesse a repudiar os compromissos financeiros herdados da fase precedente.

Do lado da demanda, o crescimento econômico no Brasil é puxado basicamente pelo consumo. Internamente, o crescimento do consumo é induzido, por sua vez, pela ação do setor público, que extrai uma elevada carga tributária comparativamente ao resto do mundo, para uso predominante em gastos correntes. Por se concentrarem em transferências a pessoas, esses gastos têm alta rigidez. Daí a principal dificuldade de gerar saldos fiscais primários (excedentes de caixa antes de pagar juros) ainda mais elevados e capazes de colocar nas mãos das autoridades, na altura de 2002-2003, o controle da evolução da razão dívida-PIB.

O fato é que, por volta de 2003, o país parecia impedido de crescer a taxas mais elevadas do que algo ao redor de 2,4% (valor médio observado em 1994-2002) ao ano por causa dos efeitos dos sucessivos choques desfavoráveis a que era submetido, conforme já descrito. Estávamos diante de um círculo vicioso, em que a trajetória futura da razão dívida-PIB apontava para cima, os superávits fiscais pareciam ter atingido um limite superior difícil de ultrapassar, a sensibilidade da dívida a choques cambiais era muito elevada e o crescimento da economia oscilava, entre os sucessivos choques, ao redor de uma taxa média incapaz de diluir o impacto expansionista dos demais fatores sobre a dívida pública.

Já na fase 2003-2008, foram-se os choques desfavoráveis anteriores, o IBGE havia divulgado nova série do PIB, com valores 10% acima dos da série anterior, e o crescimento do país passou a ser também impulsionado pelo forte crescimento da demanda e dos preços externos de commodities agrícolas e minerais, configurando-se um inédito choque favorável para as economias produtoras dessas commodities. Graças ao choque de preços externos, ao cada vez maior ingresso de capitais e à ausência de crises como as que ocorriam frequentemente até 2003, a disponibilidade de dólares aumentou muito, as taxas de juros internas e a taxa de câmbio passaram a cair seguidamente enquanto as reservas internacionais aumentavam em ritmo elevado. Foi possível, então, reduzir rapidamente a parcela da dívida pública em dólares, até torná-la inferior ao estoque de reservas. Ou seja, a dívida pública líquida de reservas se tornou negativa a partir de certo ponto. Em consequência, passamos de uma taxa média de crescimento do PIB um tanto abaixo de 3% ao ano, para a expectativa de crescimento potencial ao redor de 4,5% a.a., mesmo na ausência de reformas estruturais capazes de aumentar os saldos fiscais de forma sustentável. Por vários motivos, a receita pública passou a crescer a taxas mais elevadas que as do PIB, o que propiciou explicitar de forma mais clara a operação do "modelo" oriundo da Constituição de 1988 de crescimento dos gastos correntes, junto com alguma recuperação dos investimentos e com a obtenção de algum aumento dos superávits fiscais. Em consequência, a razão dívida-PIB, em vez de continuar subindo, passou a cair sistematicamente, afastando os temores relacionados com a insolvência pública no Brasil.

Passada a fase de se preocupar apenas com o risco de insolvência pública, tornou-se possível ter o foco da gestão macroeconômica na recuperação da taxa de investimento e, portanto, no maior crescimento econômico. Ou seja, ter maior atenção com as três fontes básicas de financiamento do investimento: poupança pública, poupança externa e poupança privada interna. Olhando para o setor público, vê-se que há muito vem ali operando um modelo de crescimento do gasto corrente ou, alternativamente, de queda da poupança. Junto com outros problemas, isso tem levado: 1) à queda da taxa de investimento das administrações públicas; 2) à queda do suprimento de recursos do setor público para o setor privado investir, até se tornar um suprimento líquido negativo (o mesmo que déficit público, cuja existência faz o setor público sugar recursos em vez de supri-los), em que pese a queda na taxa de investimento; 3) a poupança negativa em anos recentes. (Veja Gráfico 1, a seguir.) É surpreendente que, nessas condições, tenha predominado certo viés governamental anti-investimento privado em setores como a infraestrutura, área em que o governo concentra seus investimentos.

GRÁFICO 1
Taxas de poupança e investimento das administrações públicas

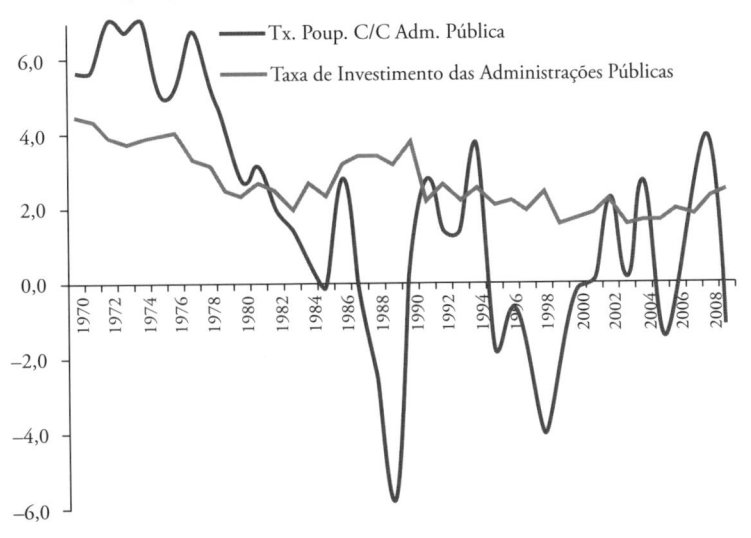

A operação desse modelo tem servido para reduzir a pobreza e redistribuir renda, mas tem mostrado certos efeitos colaterais, além dos relacionados com a poupança e o investimento público. São eles: 1) pressões inflacionárias, basicamente no setor de bens e serviços não comercializáveis com o exterior (BSNCE), pois nesses o aumento de demanda só pode ser atendido por expansão da produção interna, e esta é prejudicada pela falta de investimento público e do suprimento de poupança pública excedente, sem falar no viés antiprivado; 2) tendência à apreciação real da taxa de câmbio, ao aumento das importações e encolhimento da produção interna (o que alguns chamam de "desindustrialização") no setor de bens e serviços comercializáveis com o exterior (BSCE), de onde mão de obra, capital e outros fatores são atraídos para os demais setores da economia, e, portanto, tendência ao aumento dos déficits externos em conta-corrente. Isso se dá porque os preços de BSNCE sobem em relação aos de BSCE, em cujo seio os preços são basicamente determinados fora do país. Esses efeitos são acentuados pela invasão de produtos chineses (que têm causado a queda dos preços externos de bens e serviços da indústria de transformação (BSIT), que é parcela de BSCE, pela forte subida dos preços de commodities – a outra parte de BSCE – e pelo forte ingresso de capitais. Ao final, aumentam os preços relativos de BSNCE e de commodities sobre os de BSIT, trazendo novas pressões inflacionárias e redirecionamento de recursos de BSIT para BSNCE e commodities.

Maior entrada de poupança externa (que é a segunda hipótese de expansão da poupança para financiar maiores investimentos privados, conforme já indicado) já vem, assim, ocorrendo, mas essa via tem óbvias limitações do lado da oferta, além de esbarrar na possibilidade de um encolhimento excessivo de BSIT. Hoje, diante do processo aqui descrito, o ingresso de poupança externa está em 2,2% do PIB nos últimos doze meses, e tende a aumentar. Não é por outro motivo que o BC tem comprado muitas reservas em dólares para atenuar o processo de apreciação real da taxa de câmbio, mas isso tem também um limite, que é dado pelo custo de acumular reservas quando não se tem poupança. Esse custo pode estar hoje chegando a um limite crítico diante do forte impacto da compra de reservas via endividamento público sobre a razão dívida/PIB.

Dada a conhecida dificuldade de aumentar a razão poupança privada/PIB em nosso país, só resta atacar o problema do lado do setor público. Enquanto não se faz isso, o BC tem de subir a taxa de juros Selic, de tempos em tempos, para combater expectativas de inflação acima da meta, e assim o crescimento do PIB não decola. Nesses termos, o Brasil continua recordista mundial de taxas de juros altas.

Diante da desabada da produção industrial pela queda equivalente nas vendas externas ao final de 2008, a fase I da crise do *subprime* abriu oportunidade única para uma forte redução na taxa Selic. Diante da paulada na demanda externa, o certo é reduzir os juros ao máximo e engatar uma política de ajuste fiscal, que deveria começar a vigorar assim que a economia voltasse a reagir impulsionada pela política monetária ativa. Sem isso, rapidamente o BC seria de novo levado a subir a taxa de juros básica. O governo poderia, assim, aproveitar a desculpa da crise para convencer as partes afetadas da necessidade do ajuste fiscal. A vantagem de ter tido a crise seria a possibilidade de "entregar" a queda dos juros como compensação do ajuste fiscal. O BC, de fato, afrouxou a política monetária, mas o governo também pisou no acelerador dos gastos, já que é grande a tentação de fazer isso quando a crise é de escassez de demanda. Além disso, por não ter as mesmas mazelas que originaram a crise nos países mais desenvolvidos (super alavancagem etc.), o país pôde ainda se dar o luxo de expandir ainda mais o crédito, com óbvios efeitos indesejáveis sobre a inflação.

Favelas: em busca da felicidade

*Rumba Gabriel**

---
* Jornalista e teólogo. Fundador do Movimento Popular de Favelas e líder do Quilombo Urbano do Jacarezinho.

Da Cidade de Deus veio a música: "Eu só quero é ser feliz, viver tranquilamente na favela onde eu nasci."

Nas favelas, sempre haverá meia felicidade com o modelo atual. Felicidade completa só com a mudança sistemática desse modelo.

Morros ou favelas. Essa foi a única alternativa de moradia para os negros após a falsa libertação dos escravos, que se deu em 13 de maio de 1888. Eles saíram "livres", sem indenização, sem moradia, sem terra, sem nada. Cruelmente substituídos por brancos europeus, parte do sistema de embranquecimento brasileiro da época. Sem sentido.

Segundo Gilberto de Mello Kujaswski, filósofo e escritor, "o sentido final da vida humana está na Busca da Felicidade". Ainda citando o filósofo: "Tempos de crise, de divisão interna, de insegurança e desnorteio. Pois esta é a hora em que vivemos. Este é o momento propício para nos interrogarmos a fundo sobre o sentido da vida."

As favelas são como uma ilha, cercadas de armas e drogas por todos os lados. A polícia é como se fosse a água desta ilha – água poluída. Como ser feliz nesta terra? O trigo desta terra é o povo; ele busca insistentemente a felicidade.

Na Declaração de Independência dos Estados Unidos, de 4 de julho de 1776, lê-se que: "Sustentamos essas verdades como por si mesmas evidentes, que todos os homens são criados iguais, que são dotados, pelo seu criador, de certos direitos inalienáveis, entre os quais a vida, a liberdade e a busca da felicidade."

Como buscar esta felicidade e onde encontrá-la?

A resposta veio certo dia, depois de garimpar e perguntar muito aos mais diversos segmentos. Ei-la: "Existe um mar de esperança. Vista-se como escafandrista e mergulhe. No mergulho, achei lá no fundo, o Fórum Nacional. Nele encontrei, entre outros PHDs, Claudio de Moura Castro, assessor especial da Presidência do Grupo Positivo. Ex-chefe da Divisão de Programas do BID, ele falava sobre educação. Excelente tema, pois, quando houver educação de qualidade nas favelas, os favelados começarão a trilhar o caminho que os levará direto à felicidade. Claudio discorria sobre professores auxiliares para lidar com alunos mais fracos, aumento da autonomia das escolas públicas e de seus diretores, reforma na carreira do magistério, remuneração compatível (melhores salários), repensar a estrutura do ensino médio e muito mais.

Além de tudo isso, acrescentamos a nossa principal reivindicação, a volta do sistema de tempo integral. Durante a campanha eleitoral para Presidência da República, a candidata Dilma Rousseff respondeu a perguntas de algumas lideranças, entre elas uma minha, na qual pedia mais escolas nos moldes dos antigos Centros Integrados de Educação Pública (CIEPs), no modelo educacional do professor Paulo Freire. Iremos confirmar esse pedido no 3º Seminário Estadual de Favelas, que realizaremos em dezembro de 2011. Na oportunidade, começaremos a campanha para coleta de um milhão de assinaturas, exigindo educação de qualidade com ensino de tempo integral. Sabemos que essa é a solução para por fim à ociosidade de jovens, crianças e adolescentes. Trocarão armas e drogas por cultura, esportes e lazer, além de qualificação e capacitação nas mais diversas áreas como: comerciais, culturais e econômicas. Dessa forma, poderão dar mais um passo em direção à felicidade.

Boas práticas para um Brasil desenvolvido, disso tratou Maria Celina D'Araújo, doutora em ciência política, professora da PUC-Rio. Foi encontrada por nós nas profundezas desse mar de esperança – o Fórum Nacional.

Partiu da premissa de que o Estado é plataforma, a partir da qual se pode garantir as liberdades públicas, os direitos e a igualdade.

Liberdade e igualdade. É o que exigem as favelas para que se possa pensar em avanço. Um Judiciário que só é rígido, com mão de ferro, para a camada da base da pirâmide social. Até porque nenhum desembargador é descendente do povo oriundo da escravidão. Tampouco os que ocupam as tribunas dos tribunais superiores. Celina é clara quando afirma que o Superior Tribunal Militar não condena generais – vide o resultado depois da ditadura militar brasileira. Juízes quase não são punidos quando transgridem a lei, e políticos têm se valido também de artifícios legais para escapar dos rigores da lei. A Justiça tem sido um bem para os ricos e, como tal, sua atuação explicita mais um dos indicadores da concentração de renda. A professora também menciona Claudio de Moura Castro, já citado por mim neste texto. Na sua menção, afirma que: "A educação por quase quinhentos anos não foi um tema relevante para o país, era privilégio da elite e não direito da sociedade."

Acrescentar mais detalhes aqui seria "chover no molhado", uma vez que o tema já foi amplamente explorado. Portanto, é do conhecimento de todos. Então, que se cumpra.

Em sua síntese, o Ministro João Paulo dos Reis Velloso confirma o que precisamos e exigimos – educação de qualidade. Acrescentamos com ensino de tempo integral. Ele parece ter encarnado o espírito dos favelados, pois define que o conhecimento deve ser levado a todos os setores para o aproveitamento de grandes oportunidades econômicas; e a todos os segmentos da sociedade para evitar exclusões.

Isto é o que sempre pretenderam os favelados. Fazer com que a vida tivesse sentido, destarte, alcançando a felicidade.

Temos o costume de ir longe a fim de buscar explicações. Exemplo: no artigo 1º da Declaração Universal dos Direitos Humanos – ONU (1948), lemos: "Todas as pessoas nascem livres e iguais em oportunidades e direitos." No artigo 3º: "Toda pessoa tem direito à vida, à liberdade e à segurança pessoal." O artigo 5º de nossa Constituição é muito parecido: "Todos somos iguais perante a Lei, garantindo-se (...) a inviolabilidade do direito à vida, à liberdade, à igualdade, à segurança e à propriedade." Pena que tudo que está escrito só valha para os outros "iguais diferentes", os ricos.

Numa palavra final, como diz o Ministro Velloso: "Juntos, como sociedade ativa e moderna, podemos escrever um novo capítulo da História do Brasil – se fizermos a opção por um novo modelo de desenvolvimento, iniciando a era das grandes oportunidades. Cabe a nós decidir se queremos fazê-la." Resposta das favelas: "Demorou."

Poupança privada para um Brasil em rota de desenvolvimento

*André Urani**

---
* Economista do Instituto de Estudos do Trabalho e Sociedade (IETS).

MOTIVAÇÃO

O modelo de desenvolvimento experimentado nos últimos anos pelo Brasil revela-se de grande fragilidade. Ele conseguiu – de forma inédita – combinar crescimento econômico e redução da desigualdade pelo fato de basear-se essencialmente no dinamismo do consumo (público e privado).

Soluções teoricamente bem conhecidas para superar essa fragilidade são o aumento da poupança e investimentos em capital humano e capital social, entre outras.

A chamada "nova classe média brasileira", no entanto, parece não ter incorporado esses valores. Tampouco os praticam os principais formuladores de políticas públicas.

As preferências pelo presente e imediatismo são alimentadas pelo aumento do poder de compra, pela crescente abundância de crédito, pela persistência de desigualdade elevada e pela cultura do improviso, oriunda da pobreza.

São incipientes os estímulos a mecanismos de poupança voluntária.

Mesmo com a forte redução do imposto inflacionário, prevalece a poupança forçada (mal administrada).

BREVE GLOSSÁRIO

Nova classe média brasileira

SAE: renda domiciliar *per capita* entre R$250,00 e R$1mil mensais.

Conta hoje com mais da metade da população brasileira, com 40 milhões de novos membros nos últimos anos.

Todos estão de olho em seu potencial de consumo.

Cultura do improviso

Onipresença: consumo (prestação *versus* juros); habitacional (favela); empreendedorismo: legítimo *versus* subsistência (preferência disfarçada pelo emprego formal – por pior que ele seja); emprego: rotatividade elevada – e pró-cíclica.

Consequências nefastas para o longo prazo (baixo acúmulo de poupança e das diferentes formas de capital) e para a própria qualidade de vida no presente.

MUDANÇA CULTURAL

É preciso criar incentivos a mecanismos de poupança voluntária.
Eles são importantes tanto por seus efeitos macroeconômicos quanto pelos microeconômicos.

UM EXEMPLO PROMISSOR

Em breve, o Banco do Brasil e a BV Financeira lançarão um fundo de investimento de trinta anos. É a primeira vez no Brasil, e vai ser orientado não apenas aos clientes mais sofisticados (Private), mas também ao varejo, na rede do BB.
Pelas suas características (investimento em energias renováveis, escolhendo contratos já performados), o fundo é, de fato, uma renda fixa, que, em trinta anos, constitui uma forma de previdência complementar.
Se a distribuição tiver sucesso, será um sinal que o consumidor brasileiro está pronto a poupar e pensar realmente no longo prazo.

SEGUROS PRIVADOS

É preciso romper com o improviso e promover formas solidárias de acúmulo de poupança.
Cabe buscar concomitantemente o aumento da rentabilidade.
Os principais obstáculos são a regulação (quase inexistente no Brasil) e a ausência de políticas públicas especificamente desenhadas para o setor.

REGULAÇÃO: O EXEMPLO FRANCÊS

Os volumes da indústria de seguros na França são fortemente condicionados pela regulação, que aqui, no Brasil, é quase inexistente.

Dois exemplos no âmbito do P&C (danos materiais): o seguro obrigatório para carros é muito mais abrangente (e se faz com companhias privadas), e, para alugar um apartamento, é necessário contratar um seguro de riscos habitacionais em uma seguradora ou em um banco.

E um exemplo no âmbito vida: qualquer ganho de capital ou juros que aconteça dentro de um plano de seguro de vida é isento de qualquer tributo, se o capital ficar oito anos no plano (isso significa que dá para entrar e sair de fundos e ações, mas o dinheiro tem de permanecer no perímetro do seguro).

POLÍTICAS PÚBLICAS POSSÍVEIS

Hoje, bons seguros privados no Brasil são restritos ao mundo corporativo. As exceções são ainda incipientes: exemplo da Sinaf Seguros (do plano funeral ao seguro de vida). Cabe estimulá-los.

Permissão aos trabalhadores para elegerem os gestores de seu FGTS.

Novo papel dos órgãos de fomento (BNDES): usar parte da poupança compulsória com que se financia para financiar acúmulo de poupança voluntária (mutualismo – não necessariamente no emprego).

Educação financeira.

Diz que deu, diz que Deus, diz que Deus dará,
Não vou duvidar, ô nega

E se Deus não dá, como é que vai ficar, ô nega?
Diz que deu, diz que dá, e se Deus negar, ô nega
Eu vou me indignar e chega,
Deus dará, deus dará

Deus é um cara gozador, adora brincadeira
Pois pra me jogar no mundo, tinha o mundo inteiro
Mas achou muito engraçado me botar cabreiro
Na barriga da miséria nasci batuqueiro

Eu sou do Rio de Janeiro...

"Partido Alto" (Chico Buarque)

nosso trabalho para atendê-lo(la) melhor e aos outros leitores.
Por favor, preencha o formulário abaixo e envie pelos correios ou acesse www.elsevier.com.br/cartaoresposta. Agradecemos sua colaboração.

Seu nome: _____

Sexo: ☐ Feminino ☐ Masculino   CPF: _____

Endereço: _____

E-mail: _____

Curso ou Profissão: _____

Ano/Período em que estuda: _____

Livro adquirido e autor: _____

Como conheceu o livro?

☐ Mala direta   ☐ E-mail da Campus/Elsevier
☐ Recomendação de amigo   ☐ Anúncio (onde?) _____
☐ Recomendação de professor
☐ Site (qual?) _____   ☐ Resenha em jornal, revista ou blog
☐ Evento (qual?) _____   ☐ Outros (quais?) _____

Onde costuma comprar livros?

☐ Internet. Quais sites? _____
☐ Livrarias ☐ Feiras e eventos ☐ Mala direta

☐ Quero receber informações e ofertas especiais sobre livros da Campus/Elsevier e Parceiros.

Siga-nos no twitter @CampusElsevier

Cartão Resposta
05012 0048-7/2003-DR/RJ
Elsevier Editora Ltda
CORREIOS

ELSEVIER

SAC | 0800 026 53 40 | sac@elsevier.com.br

CARTÃO RESPOSTA
Não é necessário selar

O SELO SERÁ PAGO POR
Elsevier Editora Ltda

20299-999 - Rio de Janeiro - RJ

Qual(is) o(s) conteúdo(s) de seu interesse?

Concursos
- [ ] Administração Pública e Orçamento
- [ ] Arquivologia
- [ ] Atualidades
- [ ] Ciências Exatas
- [ ] Contabilidade
- [ ] Direito e Legislação
- [ ] Economia
- [ ] Educação Física
- [ ] Engenharia
- [ ] Física
- [ ] Gestão de Pessoas
- [ ] Informática
- [ ] Língua Portuguesa
- [ ] Línguas Estrangeiras
- [ ] Saúde
- [ ] Sistema Financeiro e Bancário
- [ ] Técnicas de Estudo e Motivação
- [ ] Todas as Áreas
- [ ] Outros (quais?)

Educação & Referência
- [ ] Comportamento
- [ ] Desenvolvimento Sustentável
- [ ] Dicionários e Enciclopédias
- [ ] Divulgação Científica
- [ ] Educação Familiar
- [ ] Finanças Pessoais
- [ ] Idiomas
- [ ] Interesse Geral
- [ ] Motivação
- [ ] Qualidade de Vida
- [ ] Sociedade e Política

Jurídicos
- [ ] Direito e Processo do Trabalho/Previdenciário
- [ ] Direito Processual Civil
- [ ] Direito e Processo Penal
- [ ] Direito Administrativo
- [ ] Direito Constitucional
- [ ] Direito Civil
- [ ] Direito Empresarial
- [ ] Direito Econômico e Concorrencial
- [ ] Direito do Consumidor
- [ ] Linguagem Jurídica/Argumentação/Monografia
- [ ] Direito Ambiental
- [ ] Filosofia e Teoria do Direito/Ética
- [ ] Direito Internacional
- [ ] História e Introdução ao Direito
- [ ] Sociologia Jurídica
- [ ] Todas as Áreas

Media Technology
- [ ] Animação e Computação Gráfica
- [ ] Áudio
- [ ] Filme e Vídeo
- [ ] Fotografia
- [ ] Jogos
- [ ] Multimídia e Web

Negócios
- [ ] Administração/Gestão Empresarial
- [ ] Biografias
- [ ] Carreira e Liderança Empresariais
- [ ] E-business
- [ ] Estratégia
- [ ] Light Business
- [ ] Marketing/Vendas
- [ ] RH/Gestão de Pessoas
- [ ] Tecnologia

Universitários
- [ ] Administração
- [ ] Ciências Políticas
- [ ] Computação
- [ ] Comunicação
- [ ] Economia
- [ ] Engenharia
- [ ] Estatística
- [ ] Finanças
- [ ] Física
- [ ] História
- [ ] Psicologia
- [ ] Relações Internacionais
- [ ] Turismo

Áreas da Saúde
- [ ]

Outras áreas (quais?):

Tem algum comentário sobre este livro que deseja compartilhar conosco?

Atenção:
- As informações que você está fornecendo serão usadas apenas pela Campus/Elsevier e não serão vendidas, alugadas ou distribuídas por terceiros sem permissão preliminar.